# Der Anti-Stress-Trainer für Versicherungsmakler

Claudia Girnuweit

# Der Anti-Stress-Trainer für Versicherungsmakler

Versichern Sie sich gegen Stress!

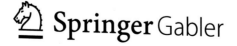

Claudia Girnuweit
Stuttgart, Deutschland

ISBN 978-3-658-12481-6       ISBN 978-3-658-12482-3    (eBook)
DOI 10.1007/978-3-658-12482-3

Die Deutsche Nationalbibliothek verzeichnet diese Publikation in der Deutschen Nationalbibliografie; detaillierte bibliografische Daten sind im Internet über http://dnb.d-nb.de abrufbar.

Springer Gabler

© Springer Fachmedien Wiesbaden 2017
Das Werk einschließlich aller seiner Teile ist urheberrechtlich geschützt. Jede Verwertung, die nicht ausdrücklich vom Urheberrechtsgesetz zugelassen ist, bedarf der vorherigen Zustimmung des Verlags. Das gilt insbesondere für Vervielfältigungen, Bearbeitungen, Übersetzungen, Mikroverfilmungen und die Einspeicherung und Verarbeitung in elektronischen Systemen.
Die Wiedergabe von Gebrauchsnamen, Handelsnamen, Warenbezeichnungen usw. in diesem Werk berechtigt auch ohne besondere Kennzeichnung nicht zu der Annahme, dass solche Namen im Sinne der Warenzeichen- und Markenschutz-Gesetzgebung als frei zu betrachten wären und daher von jedermann benutzt werden dürften.
Der Verlag, die Autoren und die Herausgeber gehen davon aus, dass die Angaben und Informationen in diesem Werk zum Zeitpunkt der Veröffentlichung vollständig und korrekt sind. Weder der Verlag noch die Autoren oder die Herausgeber übernehmen, ausdrücklich oder implizit, Gewähr für den Inhalt des Werkes, etwaige Fehler oder Äußerungen.

Lektorat: Annika Hoischen
Redaktion: Marina Bayerl
Illustrator: Werner Härtl (info@weeh78.de)
Coverdesign: deblik Berlin

Gedruckt auf säurefreiem und chlorfrei gebleichtem Papier

Springer Gabler ist Teil von Springer Nature
Die eingetragene Gesellschaft ist Springer Fachmedien Wiesbaden GmbH
Die Anschrift der Gesellschaft ist: Abraham-Lincoln-Str. 46, 65189 Wiesbaden, Germany

*Gesundheit ist nicht alles, aber ohne Gesundheit ist alles nichts*
Arthur Schopenhauer

# Vorwort

Wenn das Herz sagt „STOP, bis hierhin und nicht weiter",
dann stellt sich die Frage nach einer Pause längst nicht
mehr. Aber wie konnte es überhaupt so weit kommen?

Es war im Mai 2008 als ich die Diagnose Herzinfarkt
bekam: 42 Jahre jung, ausgebrannt und dachte, das war's
jetzt also! Bis dahin war mein berufliches Leben geprägt
von Gedanken – meist ÜBER die anderen. Als Führungs-
kraft war ich immer auf der Suche nach Lösungen – meist
FÜR die anderen. In vielen Gesprächen hörte ich von Sorgen und Problemen – meist VON den anderen. Immer
wieder habe ich gekämpft – meist MIT den anderen und
FÜR die anderen.

Diesem mentalen Stress bin ich mit Zigaretten, falscher
Ernährung und eindeutig zu wenig Bewegung begegnet.
Darüber hinaus habe ich all diesen Ärger in mich hin-
eingefressen, anstatt ihn auch mal rauszulassen. Und das
macht auf Dauer krank!

Und da lag ich nun – im wahrsten Sinne des Wortes saft- und kraftlos – und hatte auf einmal ganz viel Zeit, um mich zu fragen: „Was habe ich übersehen?" Es waren die vielen kleinen Vorboten wie Kopfschmerzen, Ohrensausen und Nasenbluten, die ich aber immer als unwichtig abgetan habe. Selbst, als das ständige Telefonklingeln für mich unerträglich wurde, habe ich nicht reagiert. Nein, lieber noch eine Zigarette mehr gegen diesen Stress.

Heute, 8 Jahre danach, kann ich mit Abstand und entspannt auf diese Situation zurückblicken. Ich habe diesen Herzinfarkt als Geschenk und als eine neue Chance angenommen. Der daraus resultierende Lernprozess war nicht immer einfach. Die alten Krusten ließen sich nicht so einfach abstreifen. Die ersten Schritte bin ich damals in der Reha mithilfe einer Psychologin gegangen, danach war meine Familie für mich da. Dafür bin ich jedem einzelnen – insbesondere aber meiner Frau – von Herzen dankbar.

Mit dieser Unterstützung habe ich dann als erstes die Sorgen und Nöte anderer aus meinem Kopf verbannt, denn davon hatte ich selbst genug. Das war schon sehr befreiend!

Danach ging es Schritt für Schritt: Ernährung, Bewegung und natürlich die Zigaretten. Nicht alles war einfach umzusetzen, aber das Bewusstsein dafür war ein vollkommen Neues. Und endlich stimmte auch die Kommunikation mit meinem Körper!

Und nun hat meine Frau sich entschieden, einen „Anti-Stress-Trainer für Versicherungsmakler" zu schreiben. Das kann doch kein Zufall sein!

Als Betroffene gibt sie Ihnen Tipps aus der Praxis für die Praxis. Denn sie kennt diesen Stress und deren Folgen nicht nur aus der Sicht der Angehörigen... Aber lesen Sie selbst.

Sie werden sich sicher wiederfinden, wahrscheinlich das ein oder andere bereits kennen oder schon leben. Und doch wird Ihnen dieser Anti-Stress-Trainer immer wieder durch die Unwägbarkeiten des Versicherungsalltages helfen. Jeder Tipp steht für sich, jeder Tipp wird Sie weiterbringen und jeder Tipp ist eine Stufe auf Ihrem Weg zu einem entspannteren Leben. Ich wünsche Ihnen viel Spaß beim Lesen, Entdecken und bei der Umsetzung. Zu guter Letzt möchte ich Ihnen ein Zitat aus Indien mit auf Ihren weiteren Weg geben: „Der Gesunde hat viele Wünsche, der Kranke nur einen."

Versicherungsmakler                    Harald Girnuweit
Waldbrunn, Deutschland
Im Mai 2016

# Inhaltsverzeichnis

# Über die Autorin

 **Claudia Girnuweit** ist eine Powerfrau und Macherin, die gern an Grenzen stößt und oftmals andere Wege geht – getreu dem Motto „Das habe ich noch nie vorher versucht, also bin ich völlig sicher, dass ich es schaffe!" (Pippi Langstrumpf)

Nach dem Abitur ist sie ihrer Leidenschaft treu geblieben: die Welt der Zahlen – weil sie so logisch sind! Mit der Banklehre ist sie gleich in die Praxis eingetaucht, um dann nach 5 Jahren in die Versicherungsbranche zu wechseln. Hier ist sie auch heute noch – nach einem kurzen Ausflug in die Welt der Werbung – zu Hause. Im Jahre 2002 schloss sie ihr Studium zur „Fachwirtin für Finanzberatung" mit dem Meisterpreis der bayrischen Staatsregierung ab. Im Anschluss daran hat sie sich auf das

Personengeschäft fokussiert und sich kontinuierlich zur Expertin für Vorsorge weitergebildet und -entwickelt.

Heute hat sie ihre Berufung als ExistenzSchutzEngel gefunden, denn die Geschichten ihrer Kunden und die immer wiederkehrende Aussage „Hätte ich das vorher gewusst" haben sie geprägt und ihr aufgezeigt wie wichtig Vorsorge ist. So baut sie heute mit und für ihre Kunden „Rettungsboote". Ihren Weg dorthin präsentiert sie als eine von 10 Unternehmerinnen in dem Buch „Frauenwege zum Erfolg".

Ihre zweite Leidenschaft ist das Netzwerken – denn „wer sich bewegt, bewegt etwas". Hier hat sie bei W.I.N Women in Network ein Zuhause gefunden. Gemeinsam mit W.I.N Gründerin Petra Polk baut sie die Community für Frauen in Business und Karriere kontinuierlich aus … denn „unsere Kontakte von heute sind unser Business von morgen."

Von Ihren Kunden, Fans und Unterstützern wird sie als durchsetzungsstarke Förderin mit Humor und Spaß am Leben wahrgenommen. Wer Claudia Girnuweit einmal live erlebt hat, versteht wie sie ihr Leben lebt: a) Gestalte Deine Welt nach Deinen Vorstellungen, b) Sei mutig, c) Lass auch mal die Seele baumeln, d) Sei positiv, e) Mache Dinge einfach mal anders und ganz wichtig f) Bleibe immer ein bisschen Kind!

Neugierig? Wenn Sie mehr wissen möchten, dann erfahren Sie mehr unter http://www.ExistenzSchutzEngel.de.

# 1

# Kleine Stresskunde: Das Adrenalinzeitalter

Peter Buchenau

**Das Konzept der Reihe**

Möglicherweise kennen Sie bereits meinen Anti-Stress-Trainer (Buchenau 2014). Das vorliegende Kapitel greift darauf zurück, weil das Konzept der neuen Anti-Stress-Trainer-Reihe die Tipps, Herausforderungen und Ideen aus meinem Buch mit den jeweiligen Anforderungen der unterschiedlichen Berufsgruppen verbindet. Die Autoren, die jeweils aus Ihrem Jobprofil kommen, schneiden diese Inhalte dann für Sie zu. Viel Erfolg und passen Sie auf sich auf.

Leben auf der Überholspur: Sie leben unter der Diktatur des Adrenalins. Sie suchen immer den neuen Kick, und das nicht nur im beruflichen Umfeld. Selbst in der Freizeit, die Ihnen eigentlich Ruhephasen vom Alltagsstress bringen sollte, kommen Sie nicht zur Ruhe. Mehr als 41 % aller Beschäftigten geben bereits heute an, sich in

© Springer Fachmedien Wiesbaden 2017
C. Girnuweit, *Der Anti-Stress-Trainer für Versicherungsmakler,* DOI 10.1007/978-3-658-12482-3_1

der Freizeit nicht mehr erholen zu können. Tendenz steigend. Wen wundert es?

Anstatt sich mit Power-Napping (Kurzschlaf) oder Extrem-Coaching (Gemütlich machen) in der Freizeit Ruhe und Entspannung zu gönnen, macht die Gesellschaft vermehrt Extremsportarten wie Fallschirmspringen, Paragliding, Extremclimbing oder Marathon zu ihren Hobbys. Jugendliche ergeben sich dem Komasaufen, der Einnahme von verschiedensten Partydrogen oder verunstalten ihr Äußeres massiv durch Tattoos und Piercing. Sie hasten nicht nur mehr und mehr atemlos durchs Tempoland Freizeit, sondern auch durch das Geschäftsleben. Ständige Erreichbarkeit heißt die Lebenslösung. Digitalisierung und mobile virtuelle Kommunikation über die halbe Weltkugel bestimmen das Leben. Wer heute seine E-Mails nicht überall online checken kann, wer heute nicht auf Facebook, Instagram & Co. ist, ist out oder schlimmer noch, der existiert nicht.

Klar, die Anforderungen im Beruf werden immer komplexer. Die Zeit überholt uns, engt uns ein, bestimmt unseren Tagesablauf. Viel Arbeit, ein Meeting jagt das nächste, und ständig klingelt das Smartphone. Multitasking ist angesagt, und wir wollen so viele Tätigkeiten wie möglich gleichzeitig erledigen.

Schauen Sie sich doch mal in Ihren Meetings um. Wie viele Angestellte in Unternehmen beantworten in solchen Treffen gleichzeitig ihre E-Mails oder schreiben WhatsApp-Nachrichten? Kein Wunder, dass diese Mitarbeiter dann nur die Hälfte mitbekommen und Folgemeetings notwendig sind. Ebenfalls kein Wunder, dass das Leben einem davonrennt. Aber wie sagt schon ein altes chinesisches Sprichwort: „Zeit hat nur der, der sich auch Zeit nimmt." Zudem ist es unhöflich, seinem Gesprächspartner nur halb zuzuhören.

Das Gefühl, dass sich alles zum Besseren wendet, wird sich mit dieser Einstellung nicht einstellen. Im Gegenteil: Alles wird noch rasanter und flüchtiger. Müssen Sie dafür Ihre Grundbedürfnisse vergessen? Wurden Sie mit Stress oder Burn-out geboren? Nein, sicherlich nicht. Warum müssen Sie sich dann den Stress antun?

Zum Glück gibt es dazu das Adrenalin. Das Superhormon, die Superdroge der High-Speed-Gesellschaft. Bei Chemikern und Biologen auch unter $C9H13NO3$ bekannt. Dank Adrenalin schuften Sie wie ein Hamster im Rad. Schneller und schneller und noch schneller. Sogar die Freizeit läuft nicht ohne Adrenalin. Der Stress hat in den letzten Jahren dramatisch zugenommen und somit auch die Adrenalinausschüttung in Ihrem Körper.

Schon komisch: Da produzieren Sie massenhaft Adrenalin und können dieses so schwer erarbeitete Produkt nicht verkaufen. Ja, nicht mal verschenken können Sie es. In welcher Gesellschaft leben Sie denn überhaupt, wenn Sie für ein produziertes Produkt keine Abnehmer finden?

Deshalb die Frage aus betriebswirtschaftlicher Sicht an alle Unternehmer, Führungskräfte und Selbstständigen: Warum produziert Ihr ein Produkt, das Ihr nicht am Markt verkaufen könnt? Wärt Ihr meine Angestellten, würde ich Euch wegen Unproduktivität und Fehleinschätzung des Marktes feuern.

Stress kostet Unternehmen und Privatpersonen viel Geld. Gemäß einer Studie der Europäischen Beobachtungsstelle für berufsbedingte Risiken (mit Sitz in Bilbao) vom 04.02.2008 leidet jeder vierte EU-Bürger unter arbeitsbedingtem Stress. Im Jahre 2005 seien 22 % der europäischen Arbeitnehmer von Stress betroffen gewesen, ermittelte die Institution. Abgesehen vom menschlichen Leid bedeutet das auch, dass die wirtschaftliche Leistungsfähigkeit der Betroffenen in erheblichem Maße beeinträchtigt ist. Das kostet Unternehmen bares Geld. Schätzungen zufolge betrugen die Kosten, die der Wirtschaft in Verbindung mit arbeitsbedingtem Stress entstehen, 2002 in den damals noch 15 EU-Ländern 20 Mrd. EUR. 2006 schätzte das betriebswirtschaftliche Institut der Fachhochschule Köln diese Zahl alleine in Deutschland auf 80 bis 100 Mrd. EUR (Buchenau 2014).

60 % der Fehltage gehen inzwischen auf Stress zurück. Stress ist mittlerweile das zweithäufigste arbeitsbedingte Gesundheitsproblem. Nicht umsonst hat die Weltgesundheitsorganisation WHO Stress zur größten Gesundheitsgefahr im 21. Jahrhundert erklärt. Viele Verbände wie zum Beispiel der Deutsche Managerverband haben Stress und Burn-out auch zu zentralen Themen ihrer Verbandsarbeit erklärt.

## 1.1    Was sind die Ursachen?

Die häufigsten Auslöser für den Stress sind der Studie zufolge unsichere Arbeitsverhältnisse, hoher Termindruck, unflexible und lange Arbeitszeiten, Mobbing und nicht zuletzt die Unvereinbarkeit von Beruf und Familie. Neue Technologien, Materialien und Arbeitsprozesse bringen der Studie zufolge ebenfalls Risiken mit sich.

Meist Arbeitnehmer, die sich nicht angemessen wertgeschätzt fühlen und auch oft unter- beziehungsweise überfordert sind, leiden unter Dauerstress. Sie haben ein doppelt so hohes Risiko, an einem Herzinfarkt oder einer Depression zu erkranken. Anerkennung und die Perspektive, sich in einem sicheren Arbeitsverhältnis weiterentwickeln zu können, sind in diesem Umfeld viel wichtiger als nur eine angemessene Entlohnung. Diesen Wunsch vermisst man meist in öffentlichen Verwaltungen, in Behörden sowie Großkonzernen. Gewalt und Mobbing sind oft die Folge.

Gerade in Zeiten von Wirtschaftskrisen bauen Unternehmen und Verwaltungen immer mehr Personal ab. Hetze und Mehrarbeit aufgrund von Arbeitsverdichtung sind die Folge. Zieht die Wirtschaft wieder an, werden viele offene Stellen nicht mehr neu besetzt. Das Ergebnis: Viele Arbeitnehmer leisten massive Überstunden. 59 % haben Angst um ihren Job oder ihre Position im Unternehmen, wenn sie diese Mehrarbeit nicht erbringen, so die Studie.

Weiter ist bekannt, dass Druck (also Stress) Gegendruck erzeugt. Druck und Mehrarbeit über einen langen Zeitraum führen somit zu einer Produktivitäts-Senkung. Gemäß einer Schätzung des Kölner Angstforschers Wilfried Panse leisten Mitarbeiter schon lange vor einem Zusammenbruch 20 bis 40 % weniger als gesunde Mitarbeiter.

Wenn Vorgesetzte in diesen Zeiten zudem Ziele schwach oder ungenau formulieren und gleichzeitig Druck ausüben, erhöhen sich die stressbedingten Ausfallzeiten, die dann von den etwas stressresistenteren Mitarbeitern aufgefangen werden müssen. Eine Spirale, die sich immer tiefer in den Abgrund bewegt.

Im Gesundheitsbericht der Deutschen Angestellten Krankenkasse (DAK) steigt die Zahl der psychischen Erkrankungen massiv an und jeder zehnte Fehltag geht auf das Konto stressbedingter Krankheiten. Gemäß einer Studie des DGB bezweifeln 30 % der Beschäftigten, ihr Rentenalter im Beruf zu erreichen (Buchenau 2014). Frühverrentung ist die Folge. Haben Sie sich mal für Ihr Unternehmen gefragt, wie viel Geld Sie in Ihrem Unternehmen für durch Stress verursachte Ausfallzeiten bezahlen? Oder auf den einzelnen Menschen bezogen: Wie viel Geld zahlen Sie für Ihre Krankenversicherung und welche Gegenleistung bekommen Sie von der Krankenkasse dafür?

Vielleicht sollten die Krankenkassen verstärkt in die Vermeidung Stress verursachender Aufgaben und Tätigkeiten investieren anstatt Milliarden unüberlegt in die Behandlung von gestressten oder bereits von Burn-out betroffenen Menschen zu stecken. In meiner Managerausbildung lernte ich bereits vor 20 Jahren: „Du musst das Problem an der Wurzel anpacken." Vorbeugen ist immer noch besser als reparieren.

Beispiel: Bereits 2005 erhielt die London Underground den Unum Provident Healthy Workplaces Award (frei übersetzt: den Unternehmens-Gesundheitsschutz-Präventionspreis) der britischen Regierung. Alle 13.000 Mitarbeiter der London Underground wurden ab 2003 einem Stress-Regulierungsprogramm unterzogen. Die Organisation wurde angepasst, die Vorgesetzten auf Früherkennung und Stress reduzierende Arbeitstechniken ausgebildet, und alle Mitarbeiter wurden über die Gefahren von Stress und Burn-out aufgeklärt. Das Ergebnis war verblüffend. Die Ausgaben, bedingt durch Fehlzeiten der Arbeitnehmer, reduzierten sich um 455.000 britische Pfund, was einem Return on Invest von 1:8 entspricht. Mit anderen Worten: Für jedes eingesetzte britische Pfund fließen acht Pfund wieder zurück ins Unternehmen. Eine erhöhte Produktivität des einzelnen Mitarbeiters war die Folge. Ebenso verbesserte sich die gesamte Firmenkultur. Die Mitarbeiter erlebten einen positiven Wechsel in Gesundheit und Lifestyle (Buchenau 2014).

Wann hören Sie auf, Geld aus dem Fenster zu werfen? Unternehmer, Führungskräfte, Personalverantwortliche und Selbstständige müssen sich deshalb immer wieder die Frage stellen, wie Stress im Unternehmen verhindert oder gemindert werden kann, um Kosten zu sparen und um somit die Produktivität und Effektivität zu steigern. Doch anstatt in Stresspräventionstrainings zu investieren, stehen landläufig weiterhin die Verkaufs- und Kommunikationsfähigkeiten des Personals im Fokus. Dabei zahlt sich, wie diese Beispiele beweisen, Stressprävention schnell und nachhaltig aus: Michael Kastner, Leiter des Instituts für Arbeitspsychologie und Arbeitsmedizin in Herdecke, beziffert die Rentabilität: „Eine Investition von einem Euro in eine moderne Gesundheitsförderung zahlt sich nach drei Jahren mit mindestens 1,8 EUR aus.".

## 1.2 Überlastet oder gar schon gestresst?

Modewort Stress … Der Satz „Ich bin im Stress" ist anscheinend zum Statussymbol geworden, denn wer so viel zu tun hat, dass er gestresst ist, scheint eine gefragte und wichtige Persönlichkeit zu sein. Stars, Manager,

Politiker gehen hier mit schlechtem Beispiel voran und brüsten sich in der Öffentlichkeit damit, „gestresst zu sein". Stress scheint daher beliebt zu sein und ist immer eine willkommene Ausrede.

Es gehört zum guten Ton, keine Zeit zu haben, sonst könnte ja Ihr Gegenüber meinen, Sie täten nichts, seien faul, hätten wahrscheinlich keine Arbeit oder seien ein Versager. Überprüfen Sie mal bei sich selbst oder in Ihrem unmittelbaren Freundeskreis die Wortwahl: Die Mutter hat Stress mit ihrer Tochter, die Nachbarn haben Stress wegen der neuen Garage, der Vater hat Stress, weil er die Winterreifen wechseln muss, der Arbeitsweg ist stressig, weil so viel Verkehr ist, der Sohn kann nicht zum Sport, weil die Hausaufgaben ihn stressen, der neue Hund stresst, weil die Tochter, für die der Hund bestimmt war, Stress mit ihrer besten Freundin hat – und dadurch keine Zeit.

Ich bin gespannt, wie viele banale Erlebnisse Sie in Ihrer Familie und in Ihrem Freundeskreis entdecken.

Gewöhnen sich Körper und Geist an diese Bagatellen, besteht die Gefahr, dass wirkliche Stress- und Burn-out-Signale nicht mehr erkannt werden. Die Gefahr, in die Stressspirale zu geraten, steigt. Eine Studie des Schweizer Staatssekretariats für Wirtschaft aus dem Jahr 2000 untermauerte dies bereits damit, dass sich 82 % der Befragten gestresst fühlen, aber 70 % ihren Stress im Griff haben (Buchenau 2014). Entschuldigen Sie meine provokante Aussage: Dann haben Sie keinen Stress.

Überlastung … Es gibt viele Situationen von Überlastung. In der Medizin, Technik, Psyche, Sport et cetera hören und sehen wir jeden Tag Überlastungen. Es kann ein Boot sein, welches zu schwer beladen ist. Ebenso aber auch, dass jemand im Moment zu viel Arbeit, zu viele Aufgaben, zu viele Sorgen hat oder dass ein System oder ein Organ zu sehr beansprucht ist und nicht mehr richtig funktioniert. Beispiel kann das Internet, das Stromnetz oder das Telefonnetz sein, aber auch der Kreislauf oder das Herz.

Die Fachliteratur drückt es als „momentan über dem Limit" oder „kurzzeitig mehr als erlaubt" aus. Wichtig ist hier das Wörtchen „momentan". Jeder von uns Menschen ist so gebaut, dass er kurzzeitig über seine Grenzen hinausgehen kann. Jeder von Ihnen kennt das Gefühl, etwas Besonders geleistet zu haben. Sie fühlen sich wohl dabei und sind meist hinterher stolz auf das Geleistete. Sehen Sie Licht am Horizont und sind Sie sich bewusst, welche Tätigkeit Sie ausführen und zudem, wie lange Sie an einer Aufgabe zu arbeiten haben, dann spricht die Stressforschung von Überlastung und nicht von Stress. Also dann, wenn der Vorgang, die Tätigkeit oder die Aufgabe für Sie absehbar und kalkulierbar ist. Dieser Vorgang ist aber von Mensch zu Mensch unterschiedlich. Zum Beispiel fühlt sich ein Marathonläufer nach 20 km überhaupt nicht überlastet, aber der übergewichtige Mensch, der Schwierigkeiten hat, zwei Stockwerke hochzusteigen, mit Sicherheit. Für ihn ist es keine Überlastung mehr, für ihn ist es Stress.

## 1.3    Alles Stress oder was?

Stress … Es gibt unzählige Definitionen von Stress und leider ist eine Eindeutigkeit oder eine Norm bis heute nicht gegeben. Stress ist individuell, unberechenbar, nicht greifbar. Es gibt kein Allheilmittel dagegen, da jeder Mensch

Stress anders empfindet und somit auch die Vorbeuge- und Behandlungsmaßnahmen unterschiedlich sind.

Nachfolgende fünf Definitionen bezüglich Stress sind richtungsweisend:

> Stress ist ein Zustand der Alarmbereitschaft des Organismus, der sich auf eine erhöhte Leistungsbereitschaft einstellt (Hans Seyle 1936; ein ungarisch-kanadischer Zoologe, gilt als der Vater der Stressforschung).

> Stress ist eine Belastung, Störung und Gefährdung des Organismus, die bei zu hoher Intensität eine Überforderung der psychischen und/oder physischen Anpassungskapazität zur Folge hat (Fredrik Fester 1976).

> Stress gibt es nur, wenn Sie ‚Ja' sagen und ‚Nein' meinen (Reinhard Sprenger 2000).

> Stress wird verursacht, wenn du ‚hier' bist, aber ‚dort' sein willst, wenn du in der Gegenwart bist, aber in der Zukunft sein willst (Eckhard Tolle 2002).

> Stress ist heute die allgemeine Bezeichnung für körperliche und seelische Reaktionen auf äußere oder innere Reize, die wir Menschen als anregend oder belastend empfinden. Stress ist das Bestreben des Körpers, nach einem irritierenden Reiz so schnell wie möglich wieder ins Gleichgewicht zu kommen (Schweizer Institut für Stressforschung 2005).

Bei allen fünf Definitionen gilt es zu unterscheiden zwischen negativem Stress – ausgelöst durch im Geiste unmöglich zu lösende Situationen – und positivem Stress, welcher in Situationen entsteht, die subjektiv als lösbar wahrgenommen werden. Sobald Sie begreifen, dass Sie selbst über das Empfinden von freudvollem Stress (Eu-Stress) und leidvollem Stress (Di-Stress) entscheiden, haben Sie Handlungsspielraum.

Bei **positivem Stress** wird eine schwierige Situation als positive Herausforderung gesehen, die es zu bewältigen gilt und die Sie sogar genießen können. Beim positiven Stress sind Sie hoch motiviert und konzentriert. Stress ist hier die Triebkraft zum Erfolg.

Bei **negativem Stress** befinden Sie sich in einer schwierigen Situation, die Sie noch mehr als völlig überfordert. Sie fühlen sich der Situation ausgeliefert, sind hilflos, und es werden keine Handlungsmöglichkeiten oder Wege aus der Situation gesehen. Langfristig macht dieser negative Stress krank und endet oft im Burn-out.

## 1.4 Burn-out – Die letzte Stressstufe

Burn-out … Als letzte Stufe des Stresses tritt das soge-nannte Burn-out auf. Nun hilft keine Medizin und Prä-vention mehr; jetzt muss eine langfristige Auszeit unter professioneller Begleitung her. Ohne fremde Hilfe kön-nen Sie der Burn-out-Spirale nicht entkommen. Die Wie-dereingliederung eines Burn-out-Klienten zurück in die Arbeitswelt ist sehr aufwendig. Meist gelingt das erst nach einem Jahr Auszeit, oft auch gar nicht.

Nach einer Studie der Freiburger Unternehmensgruppe Saaman aus dem Jahr 2007 haben 45 % von 10.000

befragten Managern Burn-out- Symptome. Die gebräuch-
lichste Definition von Burn-out stammt von Maslach und
Jackson aus dem Jahr 1986: „Burnout ist ein Syndrom der
emotionalen Erschöpfung, der Depersonalisation und der
reduzierten persönlichen Leistung, das bei Individuen auf-
treten kann, die auf irgendeine Art mit Leuten arbeiten
oder von Leuten beeinflusst werden" (Buchenau 2014).

Burn-out entsteht nicht in Tagen oder Wochen. Burn-
out entwickelt sich über Monate bis hin zu mehreren
Jahren, stufenweise und fortlaufend mit physischen, emotionalen und mentalen Erschöpfungen. Dabei kann es
immer wieder zu zwischenzeitlicher Besserung und Erho-
lung kommen. Der fließende Übergang von der norma-
len Erschöpfung über den Stress zu den ersten Stadien des
Burn-outs wird oft nicht erkannt, sondern als „normale"
Entwicklung akzeptiert. Reagiert der Betroffene in diesem
Zustand nicht auf die Signale, die sein Körper ihm per-
manent mitteilt und ändert der Klient seine inneren oder
äußeren Einfluss- und Stressfaktoren nicht, besteht die
Gefahr einer sehr ernsten Erkrankung. Diese Signale können dauerhafte Niedergeschlagenheit, Ermüdung, Lust-
losigkeit, aber auch Verspannungen und Kopfschmerzen
sein. Es kommt zu einer kreisförmigen, gegenseitigen Ver-
stärkung der einzelnen Komponenten. Unterschiedliche
Forschergruppen haben auf der Grundlage von Beobach-
tungen den Verlauf in typische Stufen unterteilt.

Wollen Sie sich das alles antun?

Leider ist Burn-out in den meisten Firmen ein
Tabuthema – die Dunkelziffer ist groß. Betroffene Arbeitnehmer und Führungskräfte schieben oft andere Begrün-
dungen für ihren Ausfall vor – aus Angst vor negativen

Folgen, wie zum Beispiel dem Verlust des Arbeitsplatzes. Es muss ein Umdenken stattfinden!

Wen kann es treffen? Theoretisch sind alle Menschen gefährdet, die nicht auf die Signale des Körpers achten. Vorwiegend trifft es einsatzbereite und engagierte Mitarbeiter, Führungskräfte und Selbstständige. Oft werden diese auch von Vorgesetzten geschätzt, von Kollegen bewundert, vielleicht auch beneidet. Solche Menschen sagen auch nie „nein"; deshalb wachsen die Aufgaben, und es stapeln sich die Arbeiten. Dazu kommt oft, dass sich Partner, Freunde und Kinder über zu wenig Zeit und Aufmerksamkeit beklagen. Wie Sie „Nein" sagen erlernen, erfahren Sie später.

Aus eigener Erfahrung kann ich sagen, dass der Weg zum Burn-out anfänglich mit kleinsten Hinweisen gepflastert ist, kaum merkbar, unauffällig, vernachlässigbar. Es bedarf einer hohen Achtsamkeit, um diese Signale des Körpers und der realisierenden Umwelt zu erkennen. Kleinigkeiten werden vergessen und vereinbarte Termine werden immer weniger eingehalten. Hobbys und Sport werden – wie bei mir geschehen – erheblich vernachlässigt. Auch mein Körper meldete sich Ende der neunziger Jahre mit leisen Botschaften: Schweißausbrüche, Herzrhythmusstörungen, schwerfällige Atmung und unruhiger Schlaf waren die Symptome, die anfänglich nicht von mir beachtet wurden.

**Abschlusswort**

Eigentlich ist Burn-out- oder Stressprävention für Versicherungsmakler ganz einfach. Tipps gibt es überall und Zeit dazu auch. Sie, ja Sie, Sie müssen es einfach nur tun. Viel Spaß und Unterhaltung beim nun folgenden Beitrag von Claudia Girnuweit.

# 2

# Der alltägliche Wahnsinn

Montagmorgen 9.00 Uhr. Wieder einmal gehe ich nach einem arbeitsintensiven Wochenende mit einer Tasse Kaffee in der Hand in mein Homeoffice – Eine neue Woche beginnt. Was sie wohl diesmal alles mit sich bringt? Computer an und rein in den Wahnsinn.

Zuerst einmal ein Blick in den Kalender: Um 11 Uhr kommen Herr und Frau Ziel zur Konzeptbesprechung, um 14 Uhr steht ein Webinar zur neuen Wohnimmobilienkreditrichtlinie an und um 18.30 Uhr bin ich mit den Mädels im Kino verabredet – so weit, so gut! Da klingelt auch schon das Telefon: „Guten Morgen, Herr Hundefreund! Nein, ich habe meine Mails noch nicht gecheckt, was ist denn passiert? … Aha, Cäsar hat den Nachbarn ins Bein gebissen… Krankenhaus… Bitte beruhigen Sie sich doch – ich kümmere mich selbstverständlich

© Springer Fachmedien Wiesbaden 2017
C. Girnuweit, *Der Anti-Stress-Trainer für Versicherungsmakler,* DOI 10.1007/978-3-658-12482-3_2

darum… Kommen Sie am besten gegen 13 Uhr vorbei, dann nehmen wir den Schaden gleich auf… Sie sind auf Geschäftsreise – dann schicke ich Ihnen gleich eine Schadensmeldung per Mail zu. Lassen Sie mir diese bitte zeitnah ergänzt zukommen, ich veranlasse dann alles Weitere."

Mailprogramm öffnen und wie bitte?! 100 ungelesene E-Mails! Was war denn da schon wieder alles am Wochenende los? Später… erst einmal die Mail an Herrn Hundefreund rausschicken: Versicherungsnummer und Schadensformular raussuchen und ab damit!

O.k., dann schauen wir mal die wirklich wichtigen Mails durch – die Newsletter- und sonstigen Mails später:

| | |
|---|---|
| Mail 2 | Gesellschaft A hat Ihren PKV-Tarif optimiert und stellt die neuen Highlights vor … wichtig, davon sind einige meiner Kunden betroffen |
| Mail 3 | Gesellschaft B launcht einen neuen BU-Tarif mit vereinfachter Gesundheitsprüfung… unbedingt lesen, passt vielleicht für den einen oder anderen Kunden, für den bisher eine BU nicht möglich war |
| Mail 5 | Gesellschaft C strukturiert um. „Ab sofort betreut Sie Winfried Lästig." Nein, nicht schon wieder! Die wievielte Neustrukturierung ist das jetzt schon in dem Laden? Wieder einer mehr, der mir meinen Kaffee wegsäuft ☹ |
| Mail 14 | Gesellschaft D „Nachbearbeitung zu Ihrer Kundin Martha Zinslos" … es fehlt noch die Steuer-ID. Ok, nobody is perfect! |

Mail 19    Ah, da ist die Mail von Herrn Hundefreund bezüglich des Hundebisses

Mail 21    Oh, Frau Ärgerlich hatte auch einen Schaden… gleich einen Rückruf auf die To-do-Liste setzen

Mail 23    Infomail von Gesellschaft E, dass Herr Krank nur mit 50 % Zuschlag angenommen wird… ahhhhhh

Mail 24    Gesellschaft F „Nachbearbeitung zu Ihrem Kunde Fritz Nervig" … verdammt, ich hab doch alle Arztberichte mit eingereicht … gleich anrufen und nachfragen … „Nein, die Berichte haben wir nicht erhalten, hier liegt nur der Antrag vor."… „Ich habe alles eingescannt, reicht ihnen das per PDF?"… „Ausnahmsweise." … „Dankeschön!" Das kann doch alles nicht wahr sein

Mail 26    Gesellschaft G „Die Dynamik für Ihren Kunden Hubert Gierig kann derzeit nicht angenommen werden."

Oh, schon 10.30 Uhr … Die Ziels kommen gleich. Der Maklerbetreuer von der Gesellschaft H wollte mir doch noch die ergänzenden Fragebögen für den Dread-Disease-Antrag von Frau Ziel schicken – wo ist denn die Mail dazu? Verdammt, noch nicht da. Er hatte mir diese doch noch für Freitagnachmittag zugesagt. Also, gleich anrufen: „Herr Unzuverlässig, Sie wollten mir doch die Fragebögen zuschicken. Ich habe noch nichts bekommen!"… „Oh, sorry – ist mir durchgerutscht. Geht gleich raus." Der Puls steigt. Um alles muss ich mich selbst kümmern. Und der Kaffee ist mittlerweile auch schon kalt!

Mittlerweile ist es 13 Uhr. Die Beratung mit der Familie Ziel verlief etwas holprig. Da ist sie wieder – die intellektuelle Spannkraft! Beim Erstgespräch haben wir Ziele und Wünsche erfasst und vereinbart, dass ich den bestehenden Versicherungsschutz erfasse, prüfe und optimiere. Dann habe ich zwei „Chaos"-Ordner mitgenommen, sortiert, aufbereitet und ausgewertet. Das waren insgesamt mindestens sechs Stunden. Und jetzt: „Natürlich wollen wir besseren Versicherungsschutz, aber mehr ausgeben möchten wir nicht. Sie sind doch Makler, oder?" Was an *„Wie ein Anwalt, der vor Gericht Ihre Rechtsinteressen vertritt, so vertrete ich Ihre Finanzinteressen bei Banken und anderen Unternehmen und mache mich für Sie stark"* haben die zwei denn nicht verstanden? Neuer Anlauf dann in zwei Wochen – ich schau' mal, was ich noch machen kann und die Ziels haben auch noch einmal Gelegenheit alles zu überdenken.

So, weiter mit den Mails. Ach ja, Frau Ärgerlich und ihr Schaden, das mache ich am besten gleich. „Hallo Frau Ärgerlich, was ist denn passiert?" „Eine Sturmböe hat beim Aussteigen des Beifahrers die Beifahrertür komplett nach vorn auf die Motorhaube gedrückt – das Fahrzeug ist erheblich beschädigt. Bin ich da versichert?" „Frau Ärgerlich, wann können Sie denn vorbeikommen, damit wir den Schaden aufnehmen können?" „Morgen Vormittag." „10 Uhr passt."

Zurück zu den Mails. Mist, das Webinar hat schon angefangen – schnell noch einloggen. Dieses Gewerbe-ABC geht mir richtig gegen den Strich, alles wird reglementiert und immer mehr Dokumentation. Wohin soll das alles noch führen und wie kann ich da noch meinen

Kunden gerecht werden? Letztendlich ist es für mich wieder nur Papierkram, denn dank meiner Ausbildung zur Bankkauffrau und meines Studiums zur Fachwirtin für Finanzberatung kann ich die Sachkunde nachweisen. Also, wieder Geld in die Hand nehmen, Unterlagen für die Registrierung organisieren und bei der IHK einreichen, um dann am Ende wieder eine Gebühr zu bezahlen. Und das alles für ein Stück Papier. Wie viele Buchstaben hat das Alphabet noch mal?

So, nun aber wieder zurück zu … ja, was denn nun zuerst?

Da klingelt auch schon das Telefon. „Grüß Gott, Frau Ganzgenau. Sie sind ja ganz aufgeregt – was ist denn passiert?" „Die Gesellschaft S hat mir einen Kontoauszug zu meiner Lebensversicherung geschickt. Da kann doch etwas nicht stimmen, das ist viel zu wenig." „Ich schau' mir den Vorgang gerne an. Wie lange besteht der Vertrag denn schon?" Gedanklich verzweifle ich gerade – wie oft habe ich ihr das schon erklärt? „Frau Girnuweit, den Vertrag habe ich vor drei Jahren bei Ihnen abgeschlossen und schon 3600 EUR einbezahlt und nun wird dort nur ein Wert von 1563,87 EUR ausgewiesen. Was haben Sie mit meinem Geld gemacht?" „Frau Ganzgenau, wichtig zuerst einmal: keiner hat Ihnen Ihr Geld weggenommen. Was halten Sie davon, wenn ich diese Woche noch bei Ihnen vorbeikomme und ich Ihnen erkläre, warum das so ist und warum das auch richtig ist?" „Nein, ich will das sofort wissen, fühle mich nämlich gerade richtig verschaukelt." „Ok, also …".

Eine Viertelstunde später ist Frau Ganzgenau wieder einmal aufgeklärt, jedoch noch immer unzufrieden. Ich konnte sie dann doch noch von einem persönlichen

Termin überzeugen. Dann sitzen wir gemeinsam mit allen Unterlagen am Tisch und können die Unstimmigkeiten klären. Warum nur vergessen Kunden immer wieder das, was wir bei Abschluss besprochen und dokumentiert haben?

Habe ich eigentlich heute schon auf meine To-do-Liste geschaut? Nein, nicht wirklich und mittlerweile ist es inzwischen 16 Uhr. O.k., zuerst zurück zu den Mails:

Mail 27     Gesellschaft K zahlt Courtage nicht aus … aaahhh, was ist denn da schon wieder schiefgelaufen?

Hintergrund: Im November letzten Jahres hatte ich einen Wechsel der Betreuung bei einer Firma erhalten. Ein AOler ist mit dem GF sehr gut befreundet. Hauptfälligkeit war der 01.01.2016, dem Wechsel der Betreuung habe ich unter Einhaltung der Fristen zugestimmt. Die Verträge wurden im Dezember noch übertragen und die Courtage an den AOler im Januar ausgezahlt. Dafür brauche ich jetzt wohl juristischen Rat. Wenn man keine Arbeit hat, dann kommt sicher jemand um die Ecke und macht dir welche. Mal im Social Web anfragen, ob einer der Kollegen diese Thematik bereits kennt und vielleicht einen guten Tipp hat.

Mail 29     Oh, eine Kundenanfrage ☺ Frau Freigeist möchte sich selbstständig machen … schön, dass in all diesem Durcheinander auch noch Geld verdienen möglich ist … gleich anrufen und einen Termin vereinbaren – ich brauche dringend ein positives Erlebnis.

Nun, aber erst einmal genug mit den Mails, sonst wird das heute gar nichts mehr. Also, was steht auf der der To-do-Liste:

- Herr Baumax braucht ein Angebot zur Absicherung der Immobilienfinanzierung
- Frau Rendite wünscht ein Angebot zur Altersabsicherung

O.k., die Immobilienabsicherung zuerst. Was braucht er denn alles? Risiko- und Arbeitskraftabsicherung, Bauherrenhaftpflicht, Bauleistungsversicherung, Feuerrohbauversicherung und evtl. noch eine Bauhelferhaftpflicht.

Ups, schon 18.15 Uhr. Das mit dem Kino wird wohl nichts. Verdammt, ich hatte mich so auf das neue „Dschungelbuch" und den Abend mit den Mädels gefreut und es wäre auch bitter nötig. Aber der Blick auf den Schreibtisch lässt mich das Smartphone in die Hand nehmen und eine WhatsApp schreiben: „Sorry Mädels …".

1½ h später steht das Konzept für Herrn Baumax. Jetzt noch per Mail inkl. Terminvorschlag direkt an den Kunden schicken und gut ist.

Nun zu Frau Rendite … auch wenn es mittlerweile schon 20.00 Uhr ist. Nein, zuerst etwas essen, das ist nämlich heute eindeutig zu kurz gekommen. Auch mein Mann hatte nicht wirklich viel von mir. Bei genauer Betrachtung war das in den letzten Wochen nicht anders. Irgendetwas läuft hier eindeutig in die falsche Richtung.

Um 21 Uhr sitze ich wieder am Schreibtisch. So, mal schauen, was die gute Frau Rendite denn genau will. Sie ist bisher noch keine Kundin und als Empfehlung eines Bestandskunden auf mich zugekommen. Folgende Daten hat sie mir vorab zur Verfügung gestellt: 31 Jahre jung, Diplom-Betriebswirtin, seit 7 Jahren ausgelernt, 6000 EUR Brutto, Single, Betriebsrente mit 500 EUR Garantierente und bisher ohne jegliche private Altersvorsorge. Ziel soll sein, zu Rentenbeginn 1500 EUR Rente zu realisieren. Dafür soll staatliche Förderung genutzt werden, die Anlage soll flexibel in den Beiträgen sein, selbstverständlich sicher sein, natürlich auch jederzeit verfügbar sein und möglichst viel Ertrag bringen. Es ist immer wieder dasselbe: Geldanlage nach dem Prinzip „Eisenbahnschienen unter Wasser gegen Feuer versichern." Dieser Finanz-Analphabetismus treibt mich noch in den Wahnsinn und das fast mitten in der Nacht. Hier macht es noch keinen Sinn ein komplettes Konzept zu stricken, denn ohne persönliches Gespräch wäre die Zeit jetzt falsch investiert. Also, Terminvereinbarung auf die To-do-Liste für morgen.

So kann ich jetzt wenigstens noch ein wenig über den Schreibtisch fegen und versuchen der Ablage Herr zu werden. Wenn mir noch einmal jemand sagt, dass das papierlose Büro naht, dann…

Um 22.30 Uhr verlasse ich mein Homeoffice und habe zumindest einen Plan davon, was morgen alles zu erledigen ist bzw. zu erledigen wäre. Ich habe immer öfter das ungute Gefühl, dass es mich bei diesem ganzen (Mehr-) Aufwand bald aus der Bahn werfen wird.

Doch jetzt noch ein bisschen bei meinem Mann abschalten und versuchen dabei herunter zu kommen. Und das ganze am besten mit einem guten Glas Rotwein. Doch leider klappt auch das nicht wirklich. Mein Mann erzählt mir, dass es ihm nicht gut geht. Er habe schon seit dem Wochenende Atemnot und heute im Laufe des Tages habe sich diese verstärkt. Morgen früh geht er erst mal zum Arzt.

Und da ist sie wieder: meine Angst, ihn zu verlieren! Wenn mein Mann freiwillig zum Arzt geht, soll das etwas heißen. Eine ähnliche Szene hatten wir vor acht Jahren im Mai 2008 – damals bekam er die Diagnose Herzinfarkt. Und dann ging alles ganz schnell: Rettungswagen, ab ins Krankenhaus und rein in den OP. Genau dieses Bild habe ich jetzt wieder vor Augen. Ich verspreche ihm, morgen auf jeden Fall mit zum Arzt zu gehen. Und so komme ich an diesem Abend nicht wirklich zur Ruhe. Als wir im Bett liegen, lässt mein Kopfkino mir keine Ruhe, ich wälze mich von links nach rechts und zurück und falle irgendwann in einen unruhigen Schlaf.

Als dann um 7 Uhr der Wecker klingelt, bin ich wie gerädert. Der Latte macchiato schmeckt nicht wirklich und der Inhalt der Zeitung kommt auch nicht bei mir an. Erstaunlicherweise strahlt mein Mann eine Ruhe aus, mit der ich nicht weiß umzugehen.

In der Arztpraxis ist es dann auch genauso wie man es erwartet – das Wartezimmer ist bumsvoll. In diesem Moment bin ich (wieder einmal) froh, privat krankenversichert zu sein. Und so wird mein Mann auch relativ schnell aufgerufen. Zuerst ein EKG. Währenddessen sitze ich zwischen all den schniefenden und hustenden Patienten und mein Kopfkino nimmt erneut Fahrt auf. Nichts kann mich momentan ablenken, keine Bunte, keine Gala und auch das neue Spiel auf meinem Smartphone kann mich begeistern.

Nach 10 min die erste Erleichterung: Das EKG ist in Ordnung. Weitere 20 min später Entwarnung – kein erneuter Herzinfarkt, aber das Herz läuft unrund. Krankschreibung, weitere Tabletten und morgen zur Kontrolle wiederkommen.

Nach dieser ersten Aufregung am Morgen sitze ich nun 1½ h später als geplant wieder an meinem Schreibtisch und versuche einen Anfang zu finden. Da meldet sich mein Smartphone. Eine WhatsApp von einem Bekannten.

> Hallo Claudia, wir haben da ein kleines Problem. Du weißt ja, dass wir in ein neues Haus gezogen sind. Nun waren wir am Wochenende bei meinen Eltern zu Besuch und als wir Samstagabend wieder heimkommen, stand unser ganzes Erdgeschoss unter Wasser. Irgendwie war die Waschmaschine ausgelaufen. Susanne hatte die noch angestellt, verbotenerweise sind wir los. Naja, jetzt war gestern gleich ein Gutachter da. Der meint nun aber wir seien unterversichert in der Wohngebäudeversicherung und es würde noch gekürzt werden, weil wir die laufende Maschine unbeaufsichtigt gelassen haben. Er schätzt den Schaden auf 80–100.000 €. Was können wir denn jetzt noch machen?

So endet das, wenn man meint, die Beraterin hat ja keine Ahnung. Ich hatte für das Wohngebäude ein Angebot erstellt. Natürlich alles vom Feinsten – Beitrag 350 EUR. Die Wohngebäudeversicherung des Vorbesitzers kostete allerdings nur 146 EUR. Also habe ich mehrmals darum gebeten, die Police zu prüfen, weil da irgendwas falsch sein MUSS. „Nee, das passt schon so. Wir behalten einfach die alte Versicherung." Ergebnis nun: Wahrscheinlich deutlich unterversichert, keine grobe Fahrlässigkeit versichert, wahrscheinlich 30.000 EUR Entschädigung bei 100.000 EUR Schaden. Und mich dann noch fragen, was wir jetzt noch machen können. Mein Mitleid hält sich gerade in Grenzen.

Am besten gleich anrufen, dann habe ich es hinter mir. „Nein, da kann man nichts mehr machen." „Claudia, wie lange willst du dich dem noch aussetzen? Bist du dir sicher, dass das Deine Zukunft ist?"

Doch viel Zeit zum Nachdenken und philosophieren bleibt mir nicht, denn bei Mail 5 von heute muss ich feststellen, dass es nun auch bei einem meiner Kunden so weit war. Per Mail teilt mir die Gesellschaft R mit, dass Herr Huber von mir nun nicht mehr durch mich betreut werden wolle. Also, Telefonhörer in die Hand und gleich nachfragen: „Frau Girnuweit, ich verstehe nicht, was Sie meinen." Ich erkläre ihm, was mir die Gesellschaft per Mail mitgeteilt hat. „Das kann gar nicht sein, ich habe nichts veranlasst und ich möchte auch weiterhin von Ihnen betreut werden. Aber jetzt, wo Sie mich darauf ansprechen. Gestern bekam ich Post von genau dieser Gesellschaft und ich habe nicht wirklich verstanden, warum und was ich damit anfangen soll." „Können Sie mir diese Unterlagen bitte faxen bzw. per Mail zu Verfügung stellen, dann werde ich mal recherchieren." „Mach' ich, kommt innerhalb der nächsten Stunde. Und Danke schon einmal." „Gerne." Wenigstens einer, der meine Betreuung zu schätzen weiß.

Doch zurück zum Schreibtisch. In der Post ist ein Nachtrag zur Courtagevereinbarung der Gesellschaft D. Reduzierte Courtagen, verlängerte Haftungszeiten und darüber hinaus möchten die eine Ermächtigung zur Wirtschaftsauskunft. Die spinnen wohl. Versicherer kommen auf obskure Ideen, da fällt mir nichts mehr ein. Nein, das werde ich so nicht unterschreiben. Also wieder ran ans Telefon und den Maklerbetreuer gleich mal aufklären, dass es diese

Zustimmung nur mit Gegenseitigkeit gibt. „Wie meinen Sie das?" „Lieber Herr Maklerbetreuer, ich habe genauso ein Interesse an seriösen Vorständen unserer Versicherer. In Bezug auf Solvency2 und GDV Verhaltenskodex habe ich eine ebenso hohe Pflicht, die angebotenen Versicherungsgesellschaften zu prüfen, so wie Sie mich überprüfen." Stille am anderen Ende der Leitung. „Klären Sie das bitte. Danke!"

Weiter mit den Mails, sonst wird das heute wieder nichts. Mit Mail 9 komme ich zu der Erkenntnis: irgendwann erwischt es wohl jeden. Anfang Mai 2015 habe ich eine BU-Beratung begonnen. Uni-Absolvent, Berufseinsteiger, Betriebswirt, knapp 4000 brutto, noch ledig. Über BU und KT kamen wir im Laufe der Zeit hin zu allen möglichen Varianten der Arbeitskraftabsicherung. Besprochen wurde jede Variante bis ins letzte Detail. Nun per Mail die Absage: „Nach reiflicher Überlegung habe ich mich nun gegen eine Absicherung meiner Arbeitskraft entschieden." Es koste einfach zu viel Geld und er schätze die Wahrscheinlichkeit einer BU in seinem Fall eh als nur sehr gering ein. Aber seinen Hausrat hat er bei mir abgesichert … Ich fasse es nicht.

„Komm Claudia, halte dich nicht mit solchen Bremsern auf."… Weiter geht's.

„Hallo Frau Rendite, bzgl. Ihres Altersvorsorgekonzeptes habe ich mir gestern Gedanken gemacht. Aber ich brauche doch noch ein wenig mehr Input, damit es auch wirklich *ihr* individuelles Konzept wird. Wann darf ich vorbeikommen?" „Ok, dann sehen wir uns am Dienstagnachmittag um 17 Uhr. Ich freue mich. Eine schöne Zeit bis dahin."

Ah, da ist die Mail von Herrn Huber bzgl. der Betreuung. Er hat eine neue Police erhalten und als Vermittler wird die Wirmachenallesbesser GmbH ausgewiesen. Der Kunde hatte mir gesagt, dass er Daten im WEB eingegeben hatte … mhhh … naja, nun hab ich gerade Google gefragt und bin bei einem FinTech Unternehmen rausgekommen. „Hallo Herr Huber, danke zuerst einmal für die schnelle Zusendung der Unterlagen. Ich habe mir das Ganze einmal angeschaut. Laut diesen Dokumenten haben Sie der Wirmachenallesbesser GmbH eine Maklervollmacht zur Betreuung Ihrer Versicherungen erteilt. Dieses Unternehmen bietet sich über das Internet als persönlicher Versicherungsmanager an. Einfach App runterladen und es kann losgehen: Die bestehenden Versicherungspolicen können automatisch digitalisiert werden, der Versicherungsschutz zentral und übersichtlich verwalten und Schäden im Ernstfall an den Versicherer gemeldet werden. Das ist zumindest das Versprechen. Aber zuerst passiert nämlich genau das, was uns beiden nun passiert ist. Können Sie sich an einen solchen Vorgang erinnern?" „Nein, nicht wirklich." „Wenn Sie einverstanden sind, schicke ich Ihnen eine neue Maklervollmacht raus. Diese schicken Sie mir bitte unterzeichnet zurück und dann machen wir das Ganze rückgängig." „Ja, bitte und sorry für den Aufwand."

Ich frag mich echt, warum ich als Maklerin beraten und protokollieren muss und solche Firmen dürfen hier wilde Sau spielen und mit einer vermeintlichen Unterschrift uns das Geschäft wegnehmen.

Wo war ich noch einmal stehen geblieben? Oh, es ist doch schon 14.30 Uhr. Das war wohl wieder mal nichts mit Mittagessen. Aber ich brauche jetzt dringend eine kurze Pause. Außerdem hat sich vor einer Stunde schon die Waschmaschine gemeldet. Und bei genauer Betrachtung ist auch der Kühlschrank leer. Das wird heute schon wieder alles verdammt knapp. Aber einkaufen zu gehen ist jetzt vielleicht genau die richtige Ablenkung, um ein wenig runterzukommen.

Kaum sitze ich im Auto, klingelt auch schon das Telefon. Nein, ich will jetzt nicht! Heute ist Wochenmarkt und ich werde mir jetzt eine Stunde Genuss genehmigen. Das habe ich in letzter Zeit viel zu selten gemacht.

Beim Heimkommen höre ich schon wieder das Festnetz klingeln. Und beim Blick auf das Handy stelle ich fest, dass meine Mutter schon mehrfach versucht hat, mich zu erreichen. Scheint wohl dringend zu sein. „Claudi, ich brauche deine Hilfe. Ich komme morgen ins Krankenhaus und habe niemanden für den Hund. Könntest du bitte morgen Vormittag kommen und die Kleine holen." Tschakka, das ist jetzt genau das, was ich brauche: Mutter und Hund wohnen 250 km entfernt. „Was ist denn überhaupt passiert?", und „natürlich komme ich." Mittlerweile haben wir es 17 Uhr, wirklich etwas geschafft habe ich nicht und den morgigen Tag kann ich auch knicken. Wenn mein Mann mitkommt, kann ich vom Beifahrersitz aus arbeiten, dann ist der Tag nicht ganz verloren.

Und dann muss ich auch den Rest der Woche neu organisieren, denn eigentlich wollte ich am Donnerstag bei Gesellschaft H zum „Biometrie-Tag" nach Frankfurt. Das wird wohl nichts werden. Mal schauen, welcher der Kollegen eventuell auch dort ist und mir Informationen und Unterlagen mitbringen kann.

Auf dem Schreibtisch liegen noch fünf Kunden-Konzepte, die noch für die kommende Woche aufbereitet werden müssen. Das werden dann wohl sehr kurze Nächte und es gibt mal wieder kein Wochenende.

Dann jetzt aber ran an den Schreibtisch und schauen, was unbedingt heute noch erledigt werden muss.

Als allererstes Mal Herrn Krank anrufen und ihn bezüglich des Zuschlages für die Berufsunfähigkeit informieren. „Nein, das kann ich mir beim besten Willen nicht leisten. Gibt es denn Alternativen?" „Wenn wir hier schon einen so hohen Zuschlag erhalten, dann wird es auch bei anderen Gesellschaften schwierig. Aber einen Ansatz habe ich noch. Ich werde mich noch in dieser Woche darum kümmern und melde mich dann wieder bei Ihnen." Das mache ich dann wohl am besten gleich.

Doch wirklich weit komme ich nicht, denn mein Mann steht in der Tür und fragt an, ob wir mal wieder gemeinsam essen können. Er hat ja recht, dann kann ich auch gleich den nächsten Tag mit ihm besprechen. Er ist ja noch ahnungslos. „Schatz, ich brauche Deine Hilfe … Kannst Du mich morgen bitte unterstützen und mitkommen?" „Prinzipiell ja, aber ganz ehrlich würde ich gerne abwarten, was der Arzt morgen sagt, denn wirklich besser geht es mir trotz der Tabletten nicht. Ist es für Dich in Ordnung, wenn ich das morgen früh entscheide." „Selbstverständlich."

Nach einem kurzen und relativ wortlosen Abendbrot sitze ich um halb acht wieder am Schreibtisch. Und muss feststellen, dass ich heute irgendwie den Überblick verloren habe. Mit meinen Mails bin ich gar nicht vorangekommen und auch der Anrufbeantworter macht sich bemerkbar. Die News der letzten beiden Tage sind auch noch ungelesen. „Komm Claudia, nicht jammern. Davon wird es auch nicht besser." 20 min später ist die neue Risikovoranfrage für Herrn Krank draußen. Der Anrufbeantworter verrät mir, dass Frau Ärgerlich heute um 10 Uhr bei mir vor der Tür stand und niemand da war. Stimmt, zu diesem Zeitpunkt saß ich in diesem bazillengetränkten Wartezimmer und lauschte fremdländischen Gesprächen. Und jetzt, um Viertel nach acht, kann ich auch nicht mehr zurückrufen. Das darf ich morgen früh auf gar keinen Fall vergessen, das kommt ganz nach oben auf die Prioritätenliste.

Die Mails verschiebe ich auf morgen, es geht nicht anders. Und auch für die Newsletter habe ich einfach keine Konzentration mehr. Ich resigniere für heute und gehe mit der Hoffnung auf schnellen Schlaf direkt ins Bett. Merke jetzt ganz deutlich, dass die vergangene Nacht schlecht und vor allen Dingen zu kurz war.

Um 7 Uhr reißt mich der Wecker aus dem Schlaf. Aber die Augen wollen sich nicht wirklich öffnen. Nach 5 min gebe ich auf. „Weckst du mich bitte, wenn du vom Arzt zurück bist. Danke." Eine ganze Stunde wird mir noch gegönnt, aber leicht fällt es mir noch immer nicht. Mindestens 500 km liegen heute vor mir… puh.

Mein Mann hat frische Semmeln mitgebracht – ein Seelenstreichler am frühen Morgen. „Ich kann heute leider nicht mit. Das Herz läuft unverändert unrund und aufgrund meiner Vorgeschichte ist Vorsicht geboten." „Und was heißt das jetzt genau?" „Krankenhaus." „Wieso denn das?" „Weil es absehbar ist, dass das Herz nicht wieder von allein den richtigen Rhythmus findet." „Und was wird dagegen unternommen." „Das Herz wird per Elektroschock angestupst, um wieder in den richtigen Rhythmus zukommen." Mir rutscht mein Herz in die Hose. „Und wann? Heute?" „Nein, vermutlich nächste Woche und bis dahin bin ich auf jeden Fall krankgeschrieben. Ich will jetzt auch erst einmal einfach nur wieder ins Bett."

Alles dreht sich. Wie soll das denn funktionieren? Mutter im Krankenhaus, der Mann krank und auch bald im Krankenhaus, der Hund allein in Starnberg, der Schreibtisch voll mit Akten, die Mails finden einfach kein Ende… Die ersten Tränen kullern über das Gesicht. „Nein, Claudia, das geht jetzt nicht. Du musst stark sein, die anderen brauchen dich. Du kannst sie doch nicht im Stich lassen." Also, Tränen wegwischen und weiter…

Eine halbe Stunde später ist zumindest der heutige Tag organisiert. Meine Schwiegermutter ist für meinen Mann da, sodass er versorgt ist und ein Ansprechpartner vor Ort ist. Mit meiner Mutter habe ich kurz telefoniert und vereinbart, dass ich gegen 13 Uhr in Starnberg bin. Bis dahin ist der Hund versorgt. Ich werde den Laptop mitnehmen und dann für 2–3 h mein Büro dort aufschlagen. Ein paar Mails und mindestens ein Kundenkonzept sollten dann fertig sein. Danach werde ich noch einmal beim Krankenhaus vorbeifahren, nachfragen wie es meiner Mutter geht und ob es noch etwas zu organisieren gibt, bevor ich mich wieder auf den Heimweg mache.

Dass der Plan dann nicht ganz funktioniert, liegt wie üblich an den Mails.

• Anfrage einer Kundin nach einer „Turnierunfähigkeitsversicherung" für ihr Pferd … was bitte ist das denn und wer versichert dieses Risiko? … mal das Netzwerk im Social Web fragen, wer mir da weiterhelfen kann

- Anfrage eines Maschinenbauingenieurs bezüglich BU. Habe daraufhin telefonisch ein wenig nachgefragt. Er habe schon drei bis vier Angebote eines anderen Maklers und wolle von mir weitere Angebote für einen Vergleich. Er beteuerte mir übrigens, dass er mit seinem bisherigen Makler ganz zufrieden sei. Kurze Rückfrage meinerseits, ob denn bereits Risikovoranfragen durchgeführt worden seien. Kurze Pause in der Leitung: „häh". Nach kurzer Erläuterung versicherte er mir dann, dass gesundheitlich alles in Ordnung sei. Habe ihm dann meine Arbeitsweise erklärt. Sein Interesse hielt sich in Grenzen. Er wolle ja nur bessere Angebote. Danach erzählte er mir dann, dass er ja eigentlich direkt bei einer Versicherung habe abschließen wollen, dass dies jedoch nicht ginge. Außerdem stehe ich ja nun mit dem anderen Makler im Wettbewerb und es gebe ja wohl eine hohe Provision. Habe ihn dann freundlich aber bestimmt an seinen bisherigen Makler verwiesen und ihm mitgeteilt, dass auf dieser Grundlage für mich keine Zusammenarbeit infrage kommt. Hat er anstandslos akzeptiert. Wahnsinn, was da draußen für verwirrte Leute rumlaufen.
- Anfrage eines Kunden, der den Inhalt einer Gartenhütte (Werkzeuge und Material) auf einem ansonsten unbebauten Grundstück absichern möchte... Ich brauche für diese Themen dringend einen Kooperationspartner, denn ich habe weder Zeit noch Muse immer wieder neu auf die Suche zu gehen

Um 16.15 Uhr starte ich mit mindestens 20 ungelesenen Mails und einem angefangenen Kundenkonzept Richtung

Krankenhaus, um dort zu erfahren, dass die Mutter mindestens zwei Wochen bleiben muss. Mein Kopf fängt wieder an, sich zu drehen. Das bedeutet, dass ich in dieser
Zeit keinerlei Außentermine wahrnehmen kann und der
Arzt sagte „mindestens".

Gefrustet, traurig und ziemlich leer machte ich mich
auf den Heimweg. Fast wie ferngesteuert halte ich noch
einmal, um auch dem Hund gerecht zu werden, denn die
Kleine kann am wenigsten dafür. Ich versuche, diese kurze
Auszeit an der frischen Luft zu nutzen, um meine Gedanken zu sortieren. Aber es will mir nicht gelingen. Der
Berg, auf den ich soll, erscheint mir unerreichbar hoch.

Gegen 22 Uhr schließe ich ziemlich kaputt unsere
Wohnungstür auf. Alles fällt von mir ab und ich fühle
mich einfach nur leer. Selbst das freudige Lächeln meines
Mannes gibt mir nur für einen Moment ein gutes Gefühl.

Jetzt bin ich diejenige, die einfach nur ins Bett will…
bitte gleich schlafen und kein Kopfkino mehr.

> Frau Girnuweit, ich dachte, ich bin bei Ihnen in guten
> Händen, aber Sie kümmern sich ja um gar nichts. Sie
> rufen nie zurück und auf meine Angebote muss ich
> Wochen warten. Was erlauben Sie sich eigentlich? Das
> werde ich all meinen Bekannten und Nachbarn erzählen
> … Sie sind eine Null.

Mitten in der Nacht schrecke ich aus diesem Albtraum
hoch. Es ist stockdunkel und eine Stille, die mir Angst
macht, umfasst mich. Die Uhr zeigt 3.20 Uhr … noch
4 h bis zum Weckerklingeln. Doch jeder Versuch wieder
Schlaf zu finden, scheitert. Um 4.15 Uhr stehe ich total

genervt auf und setze mich an den Schreibtisch. Dann wenigstens die Zeit sinnvoll nutzen. Aber auch das funktioniert nicht. Ich starre auf den Bildschirm, die Buchstaben verschwimmen… Hier stimmt etwas nicht!

Plötzlich spüre ich eine kalte Schnauze an meinem Bein. Ein kleiner Lichtblick am glockenhellen Morgen: Zwei Knopfaugen schauen mich mit bedingungsloser Liebe an. Wenn doch alles so einfach wäre!

Ich schnappe mir die Leine und ab in die Weinberge, das tut uns beiden gut. Doch beim Aufstieg spüre ich die Schwere meines Körpers. Wann habe ich eigentlich das letzte Mal etwas für mich gemacht? Ich springe doch nur noch im Büro, beim Kunden oder auf Veranstaltungen rum. Das kann es doch nicht sein. Es muss sich dringend etwas ändern. Aber wie? Ich finde keinen Ausweg. Alle krank … einer muss doch den Laden am Laufen halten. Da musst du jetzt durch.

Der Versuch mich selbst zu motivieren, hält ungefähr fünf Stunden an. Mittlerweile sitze ich wieder am Schreibtisch und die Buchstaben sind auch wieder klarer. Doch zwei Mails holen mich auf den Boden der Tatsachen zurück:

- Herr Pfennigfuchser kündigt die gesamte Kundenverbindung. Ich wäre viel zu teuer und seine Bank hätte ihm die Betreuung seiner Versicherungen angeboten. Das wäre ihm eh viel lieber, da er dort jetzt eine Finanzierung machen wird.
- Frau Pech meldet einen Wasserschaden, der es in sich hat. Der Mieter Ihrer Wohnung war für vier Tage auf Geschäftsreise im Ausland. In dieser Zeit ist – aus

welchen Gründen auch immer – das Wasser in der Dusche übergelaufen. Im Erdgeschoss befindet sich ein Supermarkt und der ist der Leidtragende dieses Wasserschadens, denn er musste für mindestens einen Tag schließen, da teilweise die Ware verdorben war, einige Kühltruhen einen Schaden genommen haben und das Wasser am Boden stand. Das wird teuer! Und ist mit viel Arbeit verbunden.

Irgendwie fliegt mir gerade alles um die Ohren und ich weiß nicht wirklich, wie ich das alles bewältigen soll. Da klingelt auch schon wieder das Telefon – meine Mutter. Keine guten Nachrichten aus dem Krankenhaus. Der Muskel im Oberschenkel ist aufgrund Unterforderung entzündet und trägt sie nicht mehr … ja, so etwas gibt es auch. „Was bedeutet das jetzt?" Sie komme spätestens nächste Woche in die Reha – wohin wisse sie noch nicht genau. Ich höre nur Reha und denke „Das sind mindestens vier Wochen insgesamt". Dann verschwimmt alles vor meinen Augen.
Als mein Mann 5 min später mit dem Hund vom Spaziergang zurückkommt, findet er mich auf dem Boden liegend, jeglicher Antrieb ist weg. Auch mein Antrieb der letzten Tage („Ich kann sie doch nicht im Stich lassen.") bringt mich nicht wieder auf die Beine, maximal bis zur Couch. In seiner Sorge ruft mein Mann den Notarzt. Mir ist das einfach nur egal. Mit der Diagnose „Erschöpfungssyndrom" werden mir die Symptome der vergangenen Wochen bewusst: Herzrasen, Bauchschmerzen, Reizbarkeit, innere Unruhe, Niedergeschlagenheit und Appetitlosigkeit. Der Arzt erklärt mir, dass ich dringend Ruhe

und Hilfe brauche, sonst falle ich längerfristig aus. Er würde mich jetzt mit in die Klinik nehmen. Das verneine ich und frage nach Alternativen, nachdem ich ihm meine Situation erklärt habe. Natürlich gibt es ambulante Möglichkeiten, aber dabei ist sehr viel Disziplin gefragt. Ob ich die jetzt haben werde?

Nun bin ich genau dort, wovor ich Kunden und andere Kollegen immer gewarnt habe. Denn in vielen Gesprächen mit Versicherungsmaklern haben die meisten über ihr Leid mit den vielen Anforderungen geklagt.

Diese Erfahrung hat mich veranlasst, einmal genauer hinzuschauen. Sicher bin ich nicht allein. In der Finanz- und Versicherungsbranche treten Erschöpfung, Depressionen und Burn-out immer häufiger auf. Zu diesem Ergebnis kommt eine Umfrage des Branchendienstes Deutsche-Versicherungsbörse (dvb 2015).

*Die hohe Arbeitslast, aber auch das schlechte Image bzw. die fehlende Wertschätzung innerhalb der Branche tragen dazu bei, dass viele Makler und Finanzberater unter ihren Arbeitsbedingungen leiden. Der Grund für diese rasante Zunahme der Unzufriedenheit ist, unter anderem, in dem stetig steigenden Leistungsdruck, gekoppelt an einen hohen Wettbewerb, und den wachsenden Kundenansprüche zu suchen. Immer neue rechtliche Bestimmungen und EU-Vorgaben schränken die Tätigkeit ein oder lassen sie zumindest ein hohes Risiko eingehen. Das Stigma des psychisch Kranken möchten sich dennoch wenige der Betroffen anheften und ignorieren daher oft die Symptome oder verschweigen ihre Erkrankung so lange, bis es nicht mehr geht.*

Ja, es gibt den Weg aus dem Hamsterrad! Aber dafür braucht es Eigenverantwortung, Selbstreflexion, Mut und ein gutes soziales Umfeld, das einen trägt.

Aus meiner langjährigen Erfahrung in der Branche möchte ich Ihnen nun die Maklertypen, die mir begegnet sind, vorstellen und Ihnen aufzeigen, mit welchem Stress jeder von ihnen im Speziellen kämpft.

## Literatur

dvb (2015) Burnout in der Finanz- und Versicherungsbranche – ein beunruhigender Trend. http://www.deutsche-versicherungsboerse.de/pressespiegel/Burnout-in-der-Finanz-und-Versicherungsbranche-ein-beunruhigender-Trend-ps_26373.html?mg=0&newsletterType=page&userKey=0. Zugegriffen: 28. Juni 2016

# 3

# Maklertypen und ihre Stressfaktoren

## 3.1  Der „ahnungslose" Makler

Dieser Maklertyp kommt oftmals aus einer Ausschließlichkeitsorganisation. Bisher hat er nur „Rosen verkauft" und sieht sich auf einmal mit der Vielfalt einer Blumenwiese konfrontiert. Da fällt es schwer, sich einen Ein- und Überblick zu verschaffen. Denn bisher war es nicht notwendig einen Unterschied zu machen, da „Rosen" der Alltag und damit auch sehr vertraut waren. Zudem waren sie aufgrund der bisherigen Vertragsgestaltung auch „einzigartig". Nun kommt der Blick über den Tellerrand und auf einmal sind da Tulpen, Nelken, Vergissmeinnicht und noch viele mehr. Da ist es oftmals einfacher, Dinge einfach aufzuschnappen. Jedoch ergibt sich daraus meist ein gefährliches Halbwissen. Die darauf aufgebaute Beratung hat oft zum Ergebnis, dass es für den Kunden mit einem bösen

© Springer Fachmedien Wiesbaden 2017
C. Girnuweit, *Der Anti-Stress-Trainer für Versicherungsmakler,* DOI 10.1007/978-3-658-12482-3_3

Ende ausgeht. Er handelt jedoch nicht in böser Absicht. Aufgrund der immer stärker werdenden Regulierung ist die Wahrscheinlichkeit auf einen solchen Maklertypen zu treffen immer geringer… aber das ist ja auch ein Ziel der Regulierung.

### Der Stressfaktor bei diesem Maklertypen
Er ist schlichtweg mit der Vielfalt der (Rahmen-)Bedingungen überfordert. Daraus resultierend neben der Überforderung der Umsatzdruck. Und dieser ist ein schlechter

Wegbegleiter – sowohl für die Kunden als auch für den Makler selbst.

**Empfehlung**

Nutzen Sie die vielfältigen Angebote der Versicherungsgesellschaften zu Webinaren und (Online-)Messen: Hier können Sie sich ein breites Wissen aneignen und gezielt Fragen stellen. Darüber hinaus bieten bestimmte Tools gute Vergleichsmöglichkeiten an, sodass Sie nicht jedes Bedingungswerk kennen müssen.

## 3.2 Der „provisionsgetriebene" Makler

Wer diesem Maklertyp begegnet, sollte gut auf sein Geld aufpassen. Denn genau das ist es, was dieser von Ihnen will. Er lebt nach der Devise „Anhauen – Umhauen – Abhauen" und ist nach einem erfolgreichen Abschluss nicht mehr zu sehen. Marktvergleiche, Verhaltenskodexe sowie Solvabilitäts- und Schadensquoten sind ihm fremd – für ihn zählt nur die Provisionsliste. Wobei, oft steht er nach Ablauf der Stornohaftungszeit wieder vor der Tür und hat einen neuen Vorschlag für den Kunden parat… vollkommen unabhängig davon, ob der Kunde das Produkt braucht oder nicht. Er zeichnet sich durch eine hohe Stornoquote und ein gutes Mundwerk aus.

**Der Stressfaktor bei diesem Maklertypen**
Zuerst einmal keinen direkten. Doch oftmals führt das eigene Ego zur Überheblichkeit und wenn dann die Kunden

und auch die Versicherer ihm auf die Schliche kommen, ist die Versicherungskarriere schneller vorbei als ihm lieb ist.

### Empfehlung

Überdenken Sie, ob das die richtige Branche für Sie ist. Die Zeiten des schnellen Geldes in der Versicherungslandschaft sind vorbei!

## 3.3 Der „Bauchladen"-Makler

Sie brauchen ein neues Mofaschild für Ihren Sohn und für sich selbst eine D&O-Versicherung … Sie wollen eine sichere Geldanlage oder brauchen eine

Auslandskrankenversicherung. Dann bietet Ihnen dieser Maklertyp alles mit einer Selbstverständlichkeit an. Er ist jedoch nicht gut organisiert und Regulierungen sind für ihn ein rotes Tuch. Er ist der klassische Produktverkäufer – seine tatsächliche Kompetenz zeigt sich dann bei keinem dieser Produkte.

### Der Stressfaktor bei diesem Maklertypen

Ihm geht es ähnlich wie dem ahnungslosen Makler. Zu viel Angebot, zu viele Bedingungen, zu viel Druck – er ist schlichtweg überfordert. Aus dieser Überforderung heraus resultiert oftmals Unsicherheit, die sich dann auch auf die Beratung auswirkt. Und das macht sich dann im Geldbeutel bemerkbar – die Spirale beginnt.

**Empfehlung**

Machen Sie sich Ihrer Kernkompetenz bewusst und fokussieren Sie sich darauf statt vielfältige Angebote zu machen, die Sie dann nur halbherzig und mit einem Stückchen Improvisation anbieten können. Stattdessen fragen Sie lieber Kollegen, die ihre Kernkompetenz genau in diesem Segment haben – mehr dazu finden Sie unter Abschn. 4.2 „Gehen Sie netzwerken und bauen sich Kooperationen auf".

# 3.4   Der „Kümmerer"

„Ich mache das gerne für Sie", ist die Antwort, die Sie von diesem Maklertypen immer wieder hören. Egal, ob es um Ihre Versicherungen, Ihre Behördengänge,

Ihre Steuern oder ähnliches geht – er hilft Ihnen überall weiter. Auch – und obwohl – er das gar nicht darf. Für ihn sind die Dienstleistungen am Kunden am wichtigsten. Aber eben weil vieles ihm nicht erlaubt ist, können Sie mit ihm oftmals nicht gewinnen. Er ist in der Regel Lebenskünstler und verdient kaum Geld.

**Der Stressfaktor bei diesem Maklertypen**
Er hat weder Überblick noch ein Zeitmanagement … und somit auch sehr wenige Kunden. Diese reichen meist zum Leben nicht aus – ein Zweit-/Nebenjob muss her. Spätestens an dieser Stelle gesellt er sich zum Ahnungslosen-Makler und zum Bauladen-Makler ins Hamsterrad.

**Empfehlung**

Stopp, das ist nicht Ihre Aufgabe! Als Versicherungsmakler sind Ihnen schlichtweg manche Dienstleistungen untersagt. So führt Sie Ihr Helfersyndrom nicht nur direkt in die Burn-out-Falle sondern leider auch sehr oft vor den Kadi. Lernen Sie Grenzen zu setzen und das geht am einfachsten mit dem Wort NEIN – mehr dazu finden Sie unter Abschn. 4.9 „Lernen Sie NEIN zu sagen".

## 3.5    Der „Alleswisser"-Makler

Wenn Sie diesem Maklertypen begegnen, brauchen Sie sehr viel Durchhaltevermögen. Oftmals selbst verunsichert, erklärt er Ihnen die Versicherungswelt bis ins Detail und malt Ihnen in den schillerndsten Farben die noch so geringste Wahrscheinlichkeit eines möglichen Schadens aus. Er ist viel auf Weiterbildungen unterwegs. Egal, ob beim Webinar am Computer, bei einer Roadshow einer Gesellschaft oder auf Fachmessen – hier ist er meist zu finden. Es gilt die Devise „Fachidiot schlägt Kunde tot". Dadurch dass er sein ganzes Wissen über den Kunden kippt, übersieht er oft Kaufsignale und verliert somit die Kunden an den Wettbewerb.

### Der Stressfaktor bei diesem Maklertypen

Das Zeitmanagement funktioniert nicht, der Umsatz landet nicht bei ihm – das ist der direkte Weg zu den Kollegen im Hamsterrad.

### Empfehlung

„Wissen ist Macht, nichts wissen, macht auch nichts." Fachwissen allein reicht nicht mehr. Wer im Business vorankommen will, muss belastbar sein und organisieren können. Schlüsselkompetenzen stehen hoch im Kurs, sie sind quer durch alle Branchen und Berufe gefragt. Das gilt auch für Freiberufler und Selbstständige. Je nach Aufgabe sind unterschiedliche Fähigkeiten erforderlich. Wer als Versicherungsmakler arbeitet, braucht vor allem Kundenorientierung und kommunikative Fähigkeiten.

## 3.6    Der „Konzept"-Makler

Hier sind Sie in jedem Fall richtig, denn hier erhalten Sie eine ganzheitliche Betrachtung und Beratung Ihrer individuellen Situation. Dieser Maklertyp ist gut strukturiert, hat eine Übersicht über alle am Markt angebotenen Produkte, sagt Ihnen auch, was Sie nicht brauchen und begleitet Sie als Partner auf Ihrem Lebensweg. Seine Unterstützung ist immer da, wann immer Sie sie brauchen.

## Der Stressfaktor bei diesem Maklertypen

Obwohl er gut strukturiert ist, muss auch er sich mit den Veränderungen, Neuerungen und Regulierungen auseinandersetzen. Um diesem Anspruch gerecht zu werden, ist sehr viel Disziplin erforderlich.

### Empfehlung

Sie haben Ihren Weg bereits gefunden. Nutzen Sie Ihr Netzwerk, um Herausforderungen zu bündeln – denn gemeinsam sind wir stark!

# 4

# Aus der Praxis für die Praxis – der Anti-Stress-Trainer rät

Um aus dem Hamsterrad herauszukommen ist es zuerst einmal wichtig sich selbst zu erkennen und dann die Bereitschaft zu haben, an der jetzigen Situation wirklich etwas ändern zu wollen.

Als Hilfestellung für diese Veränderungen möchte ich Ihnen die folgenden Tipps an die Hand geben. Nutzen Sie diese als Leitfaden für Ihren „Versicherungsalltag".

## 4.1 Positionieren Sie sich

Um der immer stärker werdenden Regulierung Herr zu werden, ist es wichtig für sich selbst und für das Business eine klare Positionierung zu finden. Diese ist wichtig, denn letztendlich sind die Angebote am Markt austauschbar. Um sich vom Wettbewerb zu unterscheiden, ist daher eine

© Springer Fachmedien Wiesbaden 2017
C. Girnuweit, *Der Anti-Stress-Trainer für Versicherungsmakler,* DOI 10.1007/978-3-658-12482-3_4

Positionierung – am besten in Form einer eigenen Marke – elementar wichtig. Das Fachwissen, von dem wir immer meinen es sei so wichtig, spielt beim Kunden nur zu 7 % eine entscheidende Rolle. Die restlichen 93 % werden durch die Sozialkompetenz bestimmt – Soft Skills statt Fachidiotie!

Daher machen Sie sich Gedanken:

- Wie wollen Sie von Ihren (Neu-)Kunden wahrgenommen werden?
- Für was genau sind Sie denn Experte?
- Wo ist Ihre Leidenschaft – bei was brennt Ihr Herz am stärksten?
- Sind es die Sach- oder die Personenversicherungen?
- Die Kapitalanlage oder die Kapitalfinanzierung?
- Beraten Sie lieber persönlich, virtuell oder beides?
- Sind Sie eher Einzelkämpfer oder doch mehr ein Teamplayer?

Hören Sie in sich herein und lassen Sie Ihre Gedanken nicht von Sätzen wie „Das macht man aber so." leiten. Seien Sie sich Ihres Wertes bewusst und scheuen Sie sich bitte nicht vor Ecken und Kanten. Die sind es nämlich, die Sie einzigartig machen. So bekommen Sie ein unverwechselbares Gesicht, sorgen für Orientierung und geben Sicherheit und daraus resultiert Vertrauen. So erzeugen Sie Verbundenheit mit den Kunden.

Natürlich versucht die Branche bestimmte Gangarten zu diktieren, aber das ist oftmals der direkte Weg in gewisse Abhängigkeiten und eben oft der Beginn von Depressionen und Burn-out.

Definieren Sie Ihren Wunschkunden! Und das ist – Hand aufs Herz – nicht jeder, der eine Versicherung braucht.

Männlich oder weiblich? Privat- oder Firmenkunden? Welche Altersgruppe? Ist er lieber Weintrinker oder doch eher Golfspieler. Je genauer Sie diesen Wunschkunden beschreiben, umso klarer wird auch Ihre Positionierung und Ihr damit verbundenes Angebot, das Sie nach außen kommunizieren. Dann werden Sie auch genau diese Kunden anziehen und die gewünschten Empfehlungen erhalten.

Viele Kollegen haben diese Positionierung bereits für sich gefunden und auch erfolgreich umgesetzt. Schauen Sie sich in Ihrem persönlichen (regionalen) Umfeld um. Sicher werden Sie dort genau solch einen Experten finden, der sich klar positioniert hat. Fragen Sie ihn, was und wie er diesen Weg gefunden hat.

## 4.2 Gehen Sie netzwerken und bauen sich Kooperationen auf

Wenn Sie Ihre Positionierung gefunden haben, aber einen bestimmten Kundenkreis nicht ausschließen wollen, suchen Sie sich Kooperationspartner, die genau dieses von Ihnen nicht besetzte Fachgebiet anbieten. Wichtig dabei ist, dass auch diese Partner Experten sind und eine Positionierung haben. Dazu ist es wichtig, dass Sie ein Netzwerk – unabhängig davon ob persönlich oder virtuell – haben, wo Sie diese Partner auch finden können. Denn keiner öffnet die Gelben Seiten und findet dort einen Kooperationspartner. Netzwerken ist das A und O für den persönlichen Erfolg und immens wichtig. Wenn Sie dieses Netzwerk noch nicht haben, fangen Sie noch heute damit an, sich eins aufzubauen. Gehen Sie auf Messen, Kongresse, Events und zu Vorträgen. Auch das Web bietet hier sehr viele Möglichkeiten: Social Media und die dortigen Gruppen, Blogs und Webinare sind eine tolle Plattform, um sich dieses Netzwerk aufzubauen. Ganz wichtig dabei ist: Stellen Sie sich nicht die Frage „Was brauche ich jetzt?", sondern denken Sie langfristig. Jeder Kontakt ist wertvoll für Sie. Denn beim Netzwerken geht es in erster Linie um den Kontakt hinter dem Kontakt.

Wenn Sie dann einen solchen Kooperationspartner gefunden haben, fixieren Sie diese Zusammenarbeit schriftlich. Das haben wir bereits im Umgang mit unseren Kunden gelernt: nur wer schreibt, der bleibt! Wie genau ist das Miteinander geregelt? Wer hat welche Aufgabe? Wie weit geht die Beratung durch den Partner? Wer verwaltet den Kunden? Wer betreut ihn in Hinblick auf Änderungen und Neuerungen? Wer erhält welche Vergütung? Wie beendet man im Fall der Fälle die Kooperation? Auch hier gilt wie bei der Positionierung: je klarer und präziser Sie Ihre Kooperation definieren und fixieren, umso weniger Stress entsteht, wenn es mal knirscht oder gar knallt. So ergibt sich für alle Beteiligten eine Win-Win-Situation.

Darüber hinaus suchen Sie sich Kooperationspartner aus „angegliederten" Themen wie Rechts- und Steuerberatung, Immobilienvermittlung und -finanzierung. Denn hier wird es immer Berührungspunkte geben. So können Sie mit Ihren Kunden im Konzept bleiben und die Aussage „alles aus einer Hand" bekommt eine andere Bedeutung. Denn Sie bieten Ihren Kunden ein gut funktionierendes Netzwerk, das keine Lücken lässt und sie im Fall der Fälle auffängt. Und – und das ist das Allerwichtigste daran: Sie tun nichts, was Sie nicht dürfen!

Genau diese Kooperationspartner sind es dann, die Ihnen Empfehlungen aussprechen und somit als Zuträger zu Ihrem persönlichen Erfolg beitragen. Denn man kennt und vertraut sich – weiß die Arbeit des anderen zu schätzen.

So kann Entspannung eintreten und Stress hat gar nicht erst die Chance sich auszubreiten.

Nutzen Sie auch Netzwerke, die nichts mit der Branche zu tun haben. Seien Sie neugierig und schnuppern einfach mal rein. Frauen z. B. netzwerken anders als Männer. Das kann für beide Seiten sehr inspirierend sein.

# 4.3 Setzen Sie sich Prioritäten

Das ist oft leichter gesagt als getan, jedoch ist es grundelementar wichtig. Als Versicherungsmakler ist man häufig fremd bestimmt: ein Kunde fragt ein Angebot an und schon werden die vielen kleinen – aber lästigen – Tätigkeiten auf die Seite geschoben. Denn hier könnte ja Geld verdient sein. Was aber nichts daran ändert, dass auch diese ungeliebten Vorgänge erledigt werden müssen. Daher ist zuerst einmal ein richtiges Zeitmanagement wichtig. Das hat sehr viel mit Disziplin zu tun, hilft aber immens eine Struktur in den Alltag zu bekommen.

Hierbei hilft, dass man sich zuerst eine Übersicht erstellt, aus der hervorgeht, welche Dinge immer wieder anfallen bzw. zu einem bestimmten Zeitpunkt erledigt sein müssen. Beachten Sie hierbei auch Ihr Privatleben, denn es verdient mindestens genauso viel Aufmerksamkeit wie Ihr Business. Oftmals wird dies immer wieder außen vorgelassen. Die folgende Liste dient als Anregung und kann bzw. sollte jederzeit ergänzt und erweitert werden. Wichtig ist zuerst einmal überhaupt zu wissen, was regelmäßig ansteht bzw. anfällt. Dazu zählen auch die Dinge, die Sie mal schnell nebenbei machen – mehr dazu unter Abschn. 4.9 (Tab. 4.1).

Und nun definieren Sie, wann Sie welche Vorgänge erledigen wollen. Die „wichtigen und dringenden" Vorgänge sollten jeden Morgen auf Ihrer To-do-Liste stehen, die „nicht wichtig und nicht dringenden" Themen können Sie z. B. Freitagnachmittag legen. Der Sport vielleicht am Mittwochabend, die Ablage am besten wöchentlich an einem bestimmten Tag. Diese so entstehende Struktur

**Tab. 4.1** Prioritätenplanung

| Nicht wichtig und nicht dringend | Nicht wichtig, aber dringend | Wichtig, aber nicht dringend | Wichtig und dringend |
|---|---|---|---|
| 1. | | | |
| 2. | | | |
| 3. | | | |
| 4. | | | |
| 5. | | | |

hilft Ihnen, sich nicht zu verzetteln. Natürlich wird es immer wieder Ablenkungen geben: die Kinder sind krank, die Schwiegereltern brauchen Hilfe oder aber die Technik streikt – nur um ein paar Beispiele zu nennen. Und Sie werden Ihrem inneren Schweinehund ganz oft begegnen. Wir wissen alle mit welcher Hartnäckigkeit dieser unterwegs ist und sich nur selten austricksen lässt. Um diesen Störungen künftig entspannter begegnen zu können, haben Sie sich diesen Plan erarbeitet. Jetzt gilt es nur noch, sich selbst dabei treu zu bleiben – Sie tun dies für sich und für niemand anderen!

Prioritäten sollten Sie auch bei Ihren Kunden setzen. Wir sind in einer Welt groß geworden, wo der „Versicherungs-Fuzzi" zum Kunden geht. Ich weiß nicht wirklich, wie viele durchgeschwitzte Schiesser-Feinripp-Hemden mir dabei schon begegnet sind, wie viele Tassen schlechten Kaffee ich getrunken habe und welche Familiendramen ich mir anhören durfte. Hand aufs Herz: wie oft saß denn schon Ihr Bankberater, Ihr Rechtsanwalt oder Steuerberater bei Ihnen zu Hause? Aber wir als Versicherungsmakler möchten genauso wie diese Branchen wahrgenommen werden.

Warum wohl ist das Image unserer Branche so derart im Keller. Wann sind denn das letzte Mal die Kunden wie „Motten um das Licht" um Sie herumgeschwirrt, wenn die Frage nach Ihrem Business aufkam? „Ich bin Versicherungsmakler" … und dann sind die meisten auch schon weg!

Also setzen Sie Prioritäten und positionieren Sie sich. Wenn der Kunde etwas braucht, dann kommt er zu Ihnen.

Wenn Sie ein Homeoffice haben, schaffen Sie einen Raum, in dem Sie die Kunden empfangen. Das eigene Wohnzimmer eignet sich nicht wirklich dafür. Sollte das nicht möglich sein, überdenken Sie das Konzept des Homeoffice. Auch hier lassen sich wunderbare Kooperationen gestalten.

## 4.4    Schaffen Sie sich Pausen

Ohne Pausen geht es nicht. Sie sind für Körper, Geist und Seele existenziell wichtig. Sie fördern das allgemeine Wohlbefinden, machen den Geist frei und schaffen Platz für Neues. Dabei muss es nicht immer nur die große Pause in Form eines Urlaubs sein. Nein, viel wichtiger sind die kleinen Pausen im Alltag: eine gute Tasse Kaffee oder Tee, ein kurzes Nickerchen, das Mittagessen mit der Familie, der Lieblingssong im Radio oder einfach nur der Blick aus dem Fenster. Genau diese kleinen Oasen helfen, um kurz abschalten zu können. Auch sollte das Wochenende frei bleiben, denn nicht nur der Körper fordert sein Recht, auch die Familie erhebt Ihren Anspruch. Wie fühlt es sich für Sie an, wenn Ihre Kinder Sie nur hinter dem Schreibtisch kennen? Oder aber Sie immer wieder antworten „später" … und irgendwann ist es dann zu spät!

Suchen Sie sich ein Hobby, das Ihnen Freude bereitet! Dann stellen sich die Pausen von ganz alleine ein. Und Sie werden feststellen, wie leicht sich dieses in den sonst so stressigen Berufsalltag integrieren lässt.

Wer nur mit dem Fuß auf dem Gaspedal unterwegs ist, darf sich nicht wundern, wenn der Körper, der Geist oder die Seele – oder gar alle zusammen – von sich aus den Stecker ziehen. Dann ist es eindeutig zu spät. Die Folgen daraus sind oft weitreichend.

Manchmal lässt es sich dann die Wochenendarbeit doch nicht vermeiden. Beschränken Sie diese auf maximal ein Wochenende im Monat. Auch hier gilt: Setzen Sie Prioritäten!

# 4.5    Prüfen Sie Ihre Rollen

Nein, es geht hier nicht um die Rollen, die wir von Schauspielern kennen, sondern um unseren eigenen Alltag. Haben Sie sich schon einmal gefragt, wie viele Rollen Sie jeden Tag spielen? Nein? Dann setzen Sie sich doch einmal hin und blicken Sie in Ihren Alltag. Sie werden erstaunt sein, was dabei alles zusammenkommt. Und dann erstellen Sie bitte eine Liste mit all diesen Rollen. Meine Liste soll Ihnen als Anregung dienen, denn darüber hinaus gibt es noch viele weitere Rollen:

Rollenliste

1.    Arbeitgeberin
2.    Auftraggeberin
3.    Ehefrau
4.    Ehrenamt
5.    Freundin
6.    Gute Fee
7.    Kooperationspartnerin
8.    Leasingnehmerin
9.    Mieterin
10.    Mitglied
11.    Mutmacherin
12.    Netzwerkerin
13.    Schwester

14.   Schwiegertochter
15.   Seelentrösterin
16.   Steuerzahlerin
17.   Tante
18.   Tochter
19.   Unternehmerin
20.   Versicherungsnehmerin
21.   Vertragspartnerin

Brauchen Sie wirklich alle diese Rollen? Welche Aufgaben können Sie reduzieren oder gar ganz streichen? Was haben Sie übernommen, weil es jemand anderes nicht wollte? Was machen Sie „des lieben Friedens Willens"? Brennen Sie wirklich dafür?

Hier ist Ehrlichkeit gefragt. Kommen Sie aus Ihrer Komfortzone und stellen Sie sich die Fragen: „Bringt mich das auf lange Sicht wirklich weiter?"; „Ist das zielführend?"

# 4.6    Wer kann mich unterstützen?

Neben Ihren Kooperationspartnern können Sie sich weitere Hilfestellung aus Ihrem direkten Umfeld holen. Wer kann z. B. die lästige Ablage übernehmen oder aber Ihnen die Angebotserstellung erleichtern? Gibt es dafür jemanden in der Familie, der das kann oder möchte. Falls nicht, schauen Sie sich nach einer Bürokraft um. Hier gibt es verschiedene Möglichkeiten: Geringfügig Beschäftige, Teil- oder Vollzeit-Mitarbeiter, Auszubildende oder Praktikanten.

Neben diesen Möglichkeiten sind Bürogemeinschaften mit Kollegen oder Kooperationspartnern eine gute Lösung. So kann man voneinander profitieren und sich auch noch die Kosten teilen. Oder schauen Sie sich nach einem professionellen Backoffice oder Callcenter um. Es gibt inzwischen viele gute Maklerpools, die Ihnen die Bestandsverwaltung, die Angebotserstellung und vieles mehr abnehmen.

Natürlich sind diese Möglichkeiten alle mit Kosten verbunden, aber durch die frei gewordene Zeit haben Sie wieder Kapazitäten für neue Herausforderungen. Es ermöglicht Ihnen z. B. Ihre Bestandsarbeit zu vertiefen, neue Geschäftsfelder zu entdecken, Kooperationspartner zu finden, notwendige Weiterbildungen wahrzunehmen, die Technik anzupassen – und natürlich ganz besonders für neue Kunden.

Sie müssen nicht alles selber machen. Schließlich haben Sie sich positioniert und das mit Sicherheit nicht als Büroperle. Seien Sie sich Ihrer Stärken bewusst und delegieren Sie die Bereiche, bei denen Sie eine Schwäche oder einfach keine Lust haben. Dafür sind dort andere Experten.

## 4.7  Machen Sie sich die Technik zum Freund

Das Beratungs- und Verwaltungsvolumen ist heute sehr komplex geworden. Alles muss erfasst und vor allen Dingen protokolliert worden. Das ist oft nicht nur für den Kunden verwirrend.

Machen Sie es sich einfacher und machen Sie sich die Digitalisierung zu Ihrem Freund: es gibt viele verschiedene Softwares zur Unterstützung im Alltag. Kundenverwaltungsprogramme, Berechnungstools, Vergleichsprogramme, Analyseprogramme und vieles mehr. Oftmals sind diese Tools auch miteinander verknüpft, ergänzen sich so und für Sie wird es noch leichter. Mithilfe dieser Tools können Sie Ihren Kunden maßgeschneiderte

Pläne für Vorsorge und Vermögensbildung erstellen. Diese Individualität zeichnet Sie als Experte aus, denn so mancher Kollege da draußen ist doch tatsächlich noch mit Faulenzertabellen unterwegs. Besonders im Schadensfalle zeigt die Technik Ihre Schnelligkeit und somit Erleichterung, denn Formulare, Fotos und Gutachten brauchen nicht mehr mit der Post durch die Lande geschickt zu werden.

Auch diese Tools entwickeln sich immer weiter. Viele Dinge finden sich sogar schon kombiniert in eigenen Apps. Aber Achtung: Viele angebotene Apps haben nur ein Ziel. Sie wollen Ihren Bestand abgreifen. Nutzen Sie dazu die angebotenen Webinare und/oder tauschen Sie sich mit Kollegen aus Ihrem Netzwerk aus.

- Wer hat welche Erfahrungen gemacht?
- Welche Empfehlungen werden ausgesprochen?
- Wovon wird abgeraten?
- Was empfiehlt sich für Ihre Arbeitsweise: Off- oder Online-Varianten?
- Wie sieht es mit der Rechtssicherheit der Tools aus?
- Sind die Updates kostenfrei oder -pflichtig?
- Kann es im Team eingesetzt werden?
- Welchen Mehrwert bietet die Software?
  Analysen erstellen, Verkaufschancen erkennen, Kundenverwaltung inkl. Kundenportal, Abrechnungen (sowohl mit den Versicherungsgesellschaften als auch mit Mitarbeitern und Kooperationspartner)

Die Welt der Technik ist heute vielfältiger denn je. Sie kann uns immer mehr in unserem Doing unterstützen und immer mehr Arbeit abnehmen, sodass wir für die wirklich wichtigen Dinge Zeit haben.

Nutzen Sie nicht zu viele Tools parallel, denn dann benötigen Sie für alles eine Schnittstelle. Schauen Sie, dass Sie ein Tool mit möglichst vielen Funktionen finden und dass vor allen Dingen mit Ihrem bestehenden System kompatibel ist.

## 4.8 Greifen Sie nicht nach jedem Strohhalm

Immer wieder werden neue Geschäftsmodelle entwickelt und gehen dank Social Media wie ein Lauffeuer durch die Branche. Die Ansprache ist oftmals ähnlich: „Neukundengewinnung ganz einfach" oder „Nie wieder Kaltakquise". Das klingt oft vielversprechend und weckt vielfach Begehrlichkeiten, die schon zu oft enttäuscht wurden. Manchmal dauert es eine lange Zeit, bis die Wahrheit ans Licht kommt und dann ist der Schaden unermesslich. Wir erinnern uns alle an den Infinus-Skandal. Knapp 41.000 Anleger wurden um mehr als 1 Mrd. EUR betrogen. Gegen die fünf Hauptbeschuldigten, darunter die frühere Geschäftsleitung, wurde mittlerweile Anklage wegen gewerbsmäßigen Betrugs erhoben.

Damit Ihnen genau das nicht passiert, prüfen Sie bitte – bevor Sie sich für eine Portfolioerweiterung entscheiden – ganz genau: Ist es ein Off- oder ein Onlineprodukt? Welchen Mehrwert bringt es Ihnen und welchen Ihren Kunden? Was wird versprochen? Wie realistisch ist das Angebot? Was steht im Bedingungswerk bzw. in der Produktbeschreibung? Wie genau sind die Verdienstmöglichkeiten? Welche Haftung steht dahinter? Welche Voraussetzungen sind dafür erforderlich? Welches Unternehmen steht hinter dem Produkt? Welche handelnden Personen stecken hinter dem Unternehmen? Welche Sicherheiten werden gestellt? Ist das Produkt neu auf dem Markt? Gibt es Erfahrungsberichte von Kunden bzw. von anderen Vertrieblern?

Setzen Sie Ihren gesunden Menschenverstand ein und hinterfragen Sie alles. Erst wenn alle Fragen zu Ihrer Zufriedenheit beantwortet wurden, greifen Sie zu. Schon Friedrich Schiller sagte „Drum prüfe, wer sich ewig bindet …".

Glauben Sie nicht alles, was man Ihnen verspricht – egal wie verlockend das Angebot klingt. Die Welt ist voll von Finanzskandalen, die Opferrolle steht Ihnen nicht. Bedenken Sie: „Erfahrungen sind das Einzige, das gebraucht besser ist als neu."

## 4.9     Lernen Sie NEIN zu sagen

Dieses kleine Wörtchen „Nein" begleitet uns von Geburt an und zieht sich wie ein roter Faden durch unser Leben. Nein zu sagen bringt Stress, Disharmonien, Streit, Nachteile bis hin zu Strafen. Welche Erfahrungen haben wir denn als Kinder gemacht? Bis zu unserem 18. Lebensjahr wurden wir mindestens 150.000 Mal mit dem Wort Nein konfrontiert. Das wurde uns so vorgelebt und deswegen haben wir uns angepasst. Und es ist ja auch so bequem in der Komfortzone. Was passiert denn, wenn wir Nein sagen? Wir fürchten uns vor Ablehnung, Enttäuschung und Einsamkeit. Wie ist das mit den vielen kleinen Dingen, die Sie mal schnell – gerne auch für die anderen – nebenbei machen? Hand aufs Herz: Wie oft denken Sie Nein und sagen trotzdem Ja?

Jedoch können wir uns das Leben durch ein einfaches Nein leichter machen. Zuerst steigt unsere Selbstachtung, unsere Bedürfnisse werden befriedigt, dadurch sind wir zufriedener und verschaffen uns Respekt. Dafür brauchen Sie Mut, Geduld, Durchhaltevermögen und Ehrlichkeit – aber Sie werden dafür belohnt werden.

Nicht Nein sagen zu können und somit allem und jedem gerecht zu werden, ist der direkte Weg in die Depression bzw. den Burn-out.

Fangen Sie im Kleinen mit dem Nein sagen an. Am besten fangen Sie beim nächsten Supermarktbesuch an der Wursttheke an. Wenn die Verkäuferin Sie fragt „Darf's ein bisschen mehr sein?", dann antworten Sie bitte mit einem Nein. Und so holen Sie jeden Tag ein Nein mehr in Ihren Alltag. Sie werden feststellen, wie gut Ihnen das tut.

## 4.10 Achten Sie auf sich und nehmen Sie sich selber wichtig

Das ist der wichtigste Tipp von allen! Wir beraten fast täglich unsere Kunden im Hinblick auf Vorsorge. Eine Versicherung ist immer eine präventive Maßnahme und soll Schutz für den Fall der Fälle bieten. Jedoch sind wir im Bereich Prävention uns selbst gegenüber sehr großzügig.

Die Grundbedürfnisse Gesundheit, Geld und Gemeinschaft bestimmen unsere Lebensqualität. Dabei ist es wichtig, dass diese im Gleichgewicht sind. Über Geld und Gemeinschaft habe ich innerhalb der Tipps schon geschrieben. Ergänzend zum Thema Geld fällt mir hier noch etwas ein. Immer wieder hört man „Geld allein macht nicht glücklich!" Stimmt! Doch komisch ist, dass ich diesen Spruch fast ausnahmslos nur von Leuten höre, die kein Geld haben!? Wie kann ein Körper gesund bleiben und der Mensch glücklich sein, wenn er sich ständig Sorgen um das Geld machen muss?

Deswegen widmen wir uns nun der Gesundheit. Was bedeutet Gesundheit für Sie? Haben Sie das schon einmal für sich selbst definiert? Bedeutet Gesundheit für Sie lediglich die Abwesenheit von Krankheit? Oder verstehen Sie darunter viel mehr:

- Vitalität
- Zufriedenheit
- Beweglichkeit
- Beschwerdefreiheit
- Attraktivität
- und Aktivität bis ins hohe Alter hinein?

Wie sieht Ihr persönliches Gesundheitsprogramm aktuell aus?

Eine gesunde und ausgeglichene Ernährung, bestehend aus Vitaminen, Kohlehydraten, Proteinen, Mineralstoffen und Spurenelementen, trägt entscheidend zu unserer Gesundheit und Fitness bei. Neben Sport und Bewegung hilft insbesondere eine gesunde Ernährung um Krankheiten vorzubeugen. Aber auch wer das Vorbeugen verpasst hat, der trägt mit einer angemessenen Ernährung dazu bei, wieder in die gesunde Spur zu finden.

Darüber hinaus treibt fast jeder zweite Deutsche heutzutage kaum noch oder gar keinen Sport mehr. Warum keine Zeit für ein regelmäßiges Sportprogramm bleibt, dafür gibt es viele Gründe: Das Berufsleben ist oft stressig und die übrige Freizeit wird anstatt für Sport lieber für Familie, Freunde oder andere Hobbys verwendet.

Suchen Sie sich eine Sportart, die Sie bei Ihrer persönlichen Fitness unterstützt, bei der Sie abschalten können und jede Menge Spaß haben. Holen Sie sich dazu Gleichgesinnte ins Boot – dann haben Sie immer gleich einen festen Termin in Ihrem Kalender. Da fällt dann auch das Absagen wesentlich schwerer.

Um hier für den richtigen Ausgleich zu sorgen, sollten Sie Ihren Fokus auf diese Punkte legen:

Wenn Sie darüber hinaus mehr wollen, dann holen Sie sich einen Coach an Ihre Seite. Der hilft Ihnen ganz gezielt in beiden Bereichen und lässt auch keine Ausreden zu.

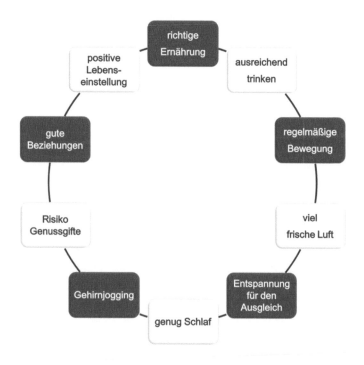

Einen letzten entscheidenden Tipp möchte ich Ihnen noch mit auf Ihren Weg geben:

Lachen Sie so oft wie möglich, denn Lachen ist Medizin für Seele und Körper! Kinder lachen etwa 400 Mal am Tag, Erwachsene gerade mal 15 Mal – eine traurige Lachbilanz. Deswegen fangen Sie am besten gleich damit an:
*Ein Rabe sitzt im Wald auf einem Ast. Kommt ein zweiter Rabe vorbei und fragt: „Was machst Du denn da?" „Nix, ich sitze nur da und schau blöd." „Klingt gut, das mache ich auch." Und der zweite Rabe setzt sich neben den ersten auf den Ast. Kurze Zeit später kommt ein Hase daher und sieht die beiden Raben: „Was macht Ihr denn da?" „Nix, wir sitzen nur da und schauen blöd." „Das will ich auch probieren", sagt der Hase und hockt sich unter den Ast. Es dauert nicht lange, da kommt ein Fuchs des Weges. Er sieht den Hasen und die beiden Raben und fragt: „Was macht Ihr denn da?" „Nix, wir sitzen nur da und schauen blöd" erklärt ihm der Hase. „Aha" meint der Fuchs und gesellt sich zum Hasen. So hocken alle vier da, machen nix und schauen blöd. Bis ein Jäger vorbeikommt und den Fuchs und den Hasen erschießt. „Verstehst Du jetzt, was ich immer sage?" meint der eine Rabe zum anderen, „nix tun und blöd schauen geht nur in einer höheren Position."*

Mit diesen 11 Tipps für Ihren Versicherungsalltag können Sie nun entspannter in die Zukunft blicken. Machen Sie sich eine Übersicht, welche Dinge Sie davon ändern wollen und können. Klassifizieren Sie diese in die kurz-, mittel- und langfristige Umsetzung. Und notieren Sie bitte das Zeitfenster, in dem Sie diese Veränderungen realisieren wollen. Schließen Sie hierzu einen Vertrag mit sich selbst, das schafft mehr Verbindlichkeit.

Ein interessantes Angebot in diesem Zusammenhang ist der Burn-out-Selbsttest von CConsult – Gesundheitskompetenz für Führungskräfte. CConsult ist eine Marke der Verwaltungs-Berufsgenossenschaft (VBG). Diesen Selbsttest zur Burn-out-Prävention möchte ich Ihnen gerne in Kurzform an die Hand geben - siehe dazu nächste Seite.

Unter    http://www.cconsult.info/mobile/burnout-test. php können Sie diesen Test direkt am Bildschirm durchführen und erhalten am Ende eine Seite mit Resultaten und Erklärungen dazu (CConsult – Gesundheitskompetenz für Führungskräfte 2016).

Entwickelt wurde dieser Test von Prof. Dr. Burisch – Spezialist für Burn-out. Auf seiner Homepage http://www. burnout-institut.eu steht der ausführliche Burnout-Test HBI40 zur Verfügung (Burnout-Institut Norddeutschland 2016). Dieser misst 10 Dimensionen und genügt als einziges auf Deutsch online verfügbares Instrument wissenschaftlichen Ansprüchen der Testkonstruktion: Seine Reliabilität und Validität wurden geprüft, und seine Normen beruhen auf einer Stichprobe von 616 Erwachsenen über 18.

① völlig unzutreffend / ② weitgehend unzutreffend / ③ eher unzutreffend / ④ weder noch bzw. weiß ich nicht /
⑤ eher zutreffend / ⑥ weitgehend zutreffend / ⑦ völlig zutreffend

1. Mit meinen Arbeitsleistungen bin ich zufrieden
   ①  ②  ③  ④  ⑤  ⑥  ⑦
2. Im Umgang mit den meisten Anderen bleibe ich lieber auf Distanz
   ①  ②  ③  ④  ⑤  ⑥  ⑦
3. Ich neige dazu, die Dinge schwer zu nehmen
   ①  ②  ③  ④  ⑤  ⑥  ⑦
4. Ich bin oft ratlos, wie ich mit meinen Problemen zurechtkommen soll
   ①  ②  ③  ④  ⑤  ⑥  ⑦
5. Oft habe ich meine Arbeit gründlich satt
   ①  ②  ③  ④  ⑤  ⑥  ⑦
6. Die höchsten Anforderungen stelle ich selbst an mich
   ①  ②  ③  ④  ⑤  ⑥  ⑦
7. Ich fühle mich oft abgearbeitet und verbraucht
   ①  ②  ③  ④  ⑤  ⑥  ⑦
8. Über Enttäuschungen komme ich schwerer hinweg als andere
   ①  ②  ③  ④  ⑤  ⑥  ⑦
9. Ich fahre leicht aus der Haut, wenn etwas nicht so geht, wie ich es mir vorgestellt habe
   ①  ②  ③  ④  ⑤  ⑥  ⑦
10. Mit meinen Leistungen kann ich mich sehen lassen
    ①  ②  ③  ④  ⑤  ⑥  ⑦
11. Ich habe nicht selten ein Gefühl innerer Leere
    ①  ②  ③  ④  ⑤  ⑥  ⑦
12. Ich finde es oft schwierig, nach der Arbeit abzuschalten
    ①  ②  ③  ④  ⑤  ⑥  ⑦
13. Es ist mir meistens lieber, wenn ich im Kontakt mit Menschen unpersönlich bleiben kann
    ①  ②  ③  ④  ⑤  ⑥  ⑦
14. Ich fühle mich manchmal mutlos
    ①  ②  ③  ④  ⑤  ⑥  ⑦
15. Ich brauche oft Kraft, um meinen inneren Widerstand gegen die Arbeit zu überwinden
    ①  ②  ③  ④  ⑤  ⑥  ⑦
16. Ich neige dazu, an meine Leistungen strenge Maßstäbe anzulegen
    ①  ②  ③  ④  ⑤  ⑥  ⑦
17. An manchen Stellen fühle ich mich einfach überlastet
    ①  ②  ③  ④  ⑤  ⑥  ⑦
18. Ich reagiere schon mal gereizt, auch wenn der Anlass nicht so wichtig war
    ①  ②  ③  ④  ⑤  ⑥  ⑦
19. Ich habe manchmal ein Gefühl von Abgestorbensein
    ①  ②  ③  ④  ⑤  ⑥  ⑦
20. Ich nehme oft Probleme aus meiner Arbeit in die Freizeit mit
    ①  ②  ③  ④  ⑤  ⑥  ⑦
21. Ich stecke in einer Krise, aus der ich momentan keinen Ausweg finde
    ①  ②  ③  ④  ⑤  ⑥  ⑦

# Literatur

Burnout-Institut Norddeutschland (BIND) (2016). http://www.burnout-institut.eu. Zugegriffen: 21. Juli 2016

CConsult – Gesundheitskompetenz für Führungskräfte (2016).http://www.cconsult.info/mobile/burnout-test.php. Zugegriffen:21. Juli 2016

# 5

# Schlusswort: Mein Weg aus der Erschöpfung

Diese Erschöpfung kam natürlich zum falschen Zeitpunkt. Aber es ist wie mit so vielem: es gibt dafür nicht den passenden Moment. Nach dem ersten Schock musste ich mir erst einmal einfach nur Ruhe gönnen. Das Einzige, das der Körper zuließ, waren die Spaziergänge mit dem Hund. Was für die Kleine eine große Freude war, war für mich doch sehr anstrengend. So habe ich die Zeit zwischen diesen Spaziergängen meist mit Schlafen verbracht. Das ging mindestens drei Wochen so. Gottseidank verlief der Eingriff bei meinem Mann ohne Zwischenfälle, sodass zumindest hier Entwarnung gegeben war. Und eines Tages fing ich dann an, langsam ins Leben zurückzukehren. Ich habe mich zuerst mit dem Thema Ernährung auseinandergesetzt. Das war auch für meinen Mann wichtig. Wir haben viele Dinge aus dem Kühlschrank und dem Vorratsschrank

© Springer Fachmedien Wiesbaden 2017
C. Girnuweit, *Der Anti-Stress-Trainer für Versicherungsmakler,* DOI 10.1007/978-3-658-12482-3_5

entfernt und einen vollkommen neuen Ernährungsplan erstellt. Das war schon eine enorme Umstellung, aber wir merkten schnell, dass es uns besser ging. Und unsere Spaziergänge wurden immer ausführlicher. In dieser Zeit habe ich auch wieder das Schwimmen für mich entdeckt.

Als ich mich dann körperlich stärker fühlte, habe ich langsam wieder mein Netzwerk kontaktiert. Dieses hatte ich mir in den vergangenen Jahren kontinuierlich aufgebaut. Und mit diesem habe ich angefangen meine Positionierung zu definieren. Das war gar nicht so einfach, denn dieser Prozess hatte sehr viel mit Loslassen zu tun. Parallel dazu habe ich meine Rollen überprüft. Hier konnte ich weniger loslassen, aber inzwischen habe ich mich mit allen arrangiert. Was ich bis heute sehr intensiv lebe, sind die Pausen. Auch wenn das nicht jeder versteht, aber das ist mir inzwischen egal. Das mit dem Nein klappt noch nicht so wie gewünscht. Aber dafür habe ich aus meinem Netzwerk heraus sehr viel Unterstützung und vor allen Dingen Wertschätzung erhalten. Dafür bin ich sehr dankbar.

Heute habe ich drei erfolgreiche Unternehmen. Als Maklerbetreuerin bin ich für meine Makler da und unterstütze sie, wo immer Sie mich brauchen. Ich genieße den Austausch mit Ihnen und entdecke so auch immer wieder neue Chancen und Herausforderungen. Ich sehe aber auch wie viele von Ihnen sich quälen und auf einem ähnlichen Weg sind, wie ich es war. Das ist sehr erschreckend, aber jeder muss für sich erkennen, wann er die Bremse zieht.

Mein ExistenzSchutzEngel fing vor 15 Monaten das Fliegen an und genießt inzwischen hohe Akzeptanz und hat viele Fans. Und meine Folien-Zauberfee fängt langsam auch an zu zaubern. Es ist so schön, zu sehen wie die eigenen Ideen anfangen, Früchte zu tragen. Und auch das Netzwerken macht mir so viel Spaß, dass ich inzwischen ein eigenes Netzwerk habe. Naja, nicht ganz das eigene … aber es fühlt sich so an. Im vergangenen Jahr habe ich dann an einem Mentorenprogramm teilgenommen und somit meinen Veränderungsprozess kräftig in Schwung gebracht. Wahnsinn, was seitdem alles passiert ist. Mein Leben hat wieder volle Fahrt aufgenommen, ich habe wieder Spaß an allem und ich brenne für das, was ich tue.

Diese Leidenschaft sowohl für das Leben als auch für das eigene Business wünsche ich jedem Einzelnen von Ihnen.

Gerne stehe ich Ihnen mit meiner ganzen Erfahrung als Sparringspartnerin zur Verfügung. Mein Netzwerk und meine Kooperationspartner sind offen für alle, die gerne mehr für sich und Ihr Business tun wollen. Dazu möchte ich Sie ganz herzlich einladen.

Printed in the United States
By Bookmasters